高敏感父母

让育儿焦虑
成为育儿优势

BE BRILLIANT IN YOUR ROLE,
EVEN WHEN THE
WORLD OVERWHELMS YOU

Elain N. Aron

THE HIGHLY SENSITIVE PARENT

[美] 伊莱恩·阿伦 ◆ 著　　李倩 ◆ 译

中国人民大学出版社
·北京·

献给天下所有辛劳的父母：

没有你们，就没有我们。

尤其要向高敏感父母致敬，

感谢你们的深度养育。

目录 / CONTENTS

序言 / INTRODUCTION

天下父母皆知养儿不易。据我们研究，高敏感父母更深感育儿之艰辛，起码在英语国家是如此。但好在也有报告表明，高敏感父母在许多方面都与孩子更同调。[1]

所以眼下的问题是：**你是否高度敏感？**如不确定，请翻到下文自测看看。如果你高度敏感，至关重要的亲子同调就是你为人父母的最大优势。本书旨在帮助你发挥这一优势，让育儿少些辛苦、多些乐趣。（声明一下：本书的主旨不是如何养育高敏感儿童，这个主题另见于《发掘敏感孩子的力量》一书。本书针对的是高敏感父母，不在于孩子性情如何。）

凡为父母，不管敏感与否，均日不暇给。但如若你高度敏感，就必须比别的父母更加审慎地安排时间。研究表明，高度敏感者更易遭受过度刺激。所以在育儿之外，你还需要时间多休息。无暇休息会让你变得烦躁、甚为痛苦——亲子同调也就化为乌有。本书旨在关注你最迫切的需求，让你珍惜宝贵的时间。如果你怀疑这种人格特质是否真实存在，第一章便不得不读。我反复说过，高度敏感者要坚信自己确有这种特质，及至高敏感父母，这点则更为根本。第二章论述如何应对过度刺激，同样不可或缺，毕竟容易遭受过度刺激，是具备这种特质的一大弊端。第三章旨在帮你认识到我确信无疑的一件事：高敏感父母育儿需要额外的帮助，不能妄图像其他父母那样硬扛。第四章的主题是做决定。相比别的父母，高敏感父母多表示他们面临的最大的一个困难是，无法在选项繁多、问题复杂的情况下做出最优抉择。第五章关注情绪调节，你的情绪反应比别人强烈，而养育子女的每一阶段几乎都能不断扰乱你的情绪。除非你能全盘控制自己的情绪，否则便有必要读读这章。（你我都**不免**会心一笑。）

第六章主要论述养育子女所带来的诸多社交问题，就算你是个外向的人（30%的高度敏感者性格外向），也会有所助益。与人打交道无疑是大多数人情绪刺激的主要来源，故而也是过度刺激高度敏感者的主要契机。最后两章讲述共同养育关系，对单亲父母也有借鉴意义。探讨养育子女对你与爱人相处方式的影响，就是在探讨育儿对你所有亲密关系的影响。

本着简明扼要的宗旨，我们并未像许多育儿书和自助书那样，在书中讲些精彩纷呈的故事。那些故事往往由真实的生活经历巧妙地杂糅而成："珍妮生下头胎后……"相反，我们呈现给你的都是高敏感父母的肺腑之言。这些自白皆单独成段，如果你只想获取信息和建议，大可跳过这部分。但这些故事（仅稍做编辑，纠正语法，便于阅读）都是你的互助小组成员的亲身经历，所以说，你没准会发现它们甚至比正文还有用。

本书侧重解决高敏感父母经常遇到的种种问题。毕竟，没必要去纠正高敏感父母觉得行之有效的方法。但还请记住，我们在研究中调查了1200余名父母，发现你不仅有潜力成为**合格**的家长，更能成为**出色**的家长。我们发现像你这般的高敏感家长报告的与孩子之间的情感回应和亲子同调，在统计上明显高于其他家长。这是我们研究中最突出的两大因素之一，因为这种同调性无疑反映出高敏感父母会深度处理孩子的情况及他们替孩子做出的决定。

　　同调究竟有何用处呢？举例来说，父母无时无刻不面临着各种问题，譬如："他现在是因为想休息，还是因为饿了累了才这样大吵大闹？""我是该趁此机会教育教育他，还是等我们都冷静下来再说？""她已经十五岁了——我是该相信她自有分寸，还是不准她去？"无论是在当时还是日积月累长远看来，得出正确答案事关每一个家庭成员。研究表明，平均而言，高敏感父母在这些方面往往比寻常父母做得更好。

　　1991年我刚开始研究敏感性那会儿，在研究文献中搜索"高敏感"或者单搜索"敏感"，发现"敏感"一词仅用于两种情形：要么用于描述天赋异禀之人，要么用于描述与孩子相处得最好的父母。[2]我认为这些研究者指的未必是高度敏感这一先天特质，因为彼时尚未形成相关定义。但早在1979年，研究者已然证实如果父母表现出具有测量意义的敏感性的话，孩子就会受益，后继研究也持续证明了这一点。[3]我们对育儿了解得越多，就越确信成功育儿的关键正在于同调和回应，哪怕设定一些合理的限制也是如此。[4]

　　至于本书许多论述背后的研究，敬请参看书末按章节编排的注释。如果你尚未读过《天生敏感》，我建议最好抽空看看。自1996年该书出版以来，我一次又一次地听到读者反馈说："这本书改变了我的生活。"如果你早就知道自己高度敏感，那么欢迎你回到我们中间，这次我们的身份是一群高度敏感的父母——而我，更是高度敏感的祖母！

自我测试：你是否高度敏感？

指导语：请依据你的感受回答下列问题。如较为符合你的感受，请选"是"。如不甚相符或完全不符，请选"否"。

是　否　我难以忍受强烈的感觉刺激。

是　否　我似乎很注意周围环境中的细节。

是　否　他人的情绪会影响我。

是　否　我对疼痛非常敏感。

是　否　一旦太忙，我就想躲进被窝里，躲进黑暗的房间里，或是躲进其他任何可以不受打扰、缓解刺激的地方。

是　否　我对咖啡因的作用特别敏感。

是　否　我难以忍受强光、浓郁的气味、粗糙的面料或近在咫尺的警笛声。

是　否　我的精神世界丰富多元。

是　否　刺耳的噪声让我很难受。

是　否　艺术或音乐作品能深深地打动我。

是　否　我的神经系统有时容易疲惫不堪，我不得不抽身独处。

是　否　我非常认真负责。

是　否　我容易受惊。

是　否　如果短时间内要做很多事，我会坐立难安。

是　否　如果周围环境令人不适，我很清楚该如何调整得舒适些（譬如调整灯光或座位）。

是　否　一次性给我安排太多任务，我会很恼火。

是　否　我竭力避免犯错或忘事。

是　否　我不看有暴力内容的电影电视。

是　否　如果身边发生太多事，我会心烦意乱。

是　否　饥饿会给我造成强烈影响，搅乱我的注意力和心情。

是　否　生活中的变动让我心神不宁。

是　否　我留意并享受细腻优雅的气息、味道、声音和艺术品。

是　否　一时之间发生太多事会令我不快。

是　否　有条不紊地安排好生活，避免混乱或负担过重是我的头等大事。

是　否　强烈的刺激令我深为困扰，譬如噪声或混乱场面。

是　否　必须与人竞争或有人盯着我做事时，我会情绪紧张、战战兢兢，
　　　　　表现得相当失常。

是　否　小时候，父母和老师似乎都认为我很敏感、很害羞。

高敏感特质自测评分：以上诸题，如果你勾选的"是"累计超过十四个，那么你很可能高度敏感。高敏感男性选"是"的题数可能更少一些。但坦白说，没有哪种心理测试能百分百准确，值得你全盘仰仗这个结果生活。我们心理学家力争编制出优质问卷，然后根据回答的平均值划定分界线。如果你勾选的"是"少于十四个，但题面的表述**完全**符合你的情况，那么你也有理由相信自己高度敏感，男性尤其如此。

第一章

深入探索身为高敏感父母的意义

我们不妨开宗明义：高度敏感是一种先天特质，大约20%的人有这种特质。你可以视之为一种成功的替代性生存策略，因为这种特质存在于一百多个物种中，而且占比大致相当。[1] 这一概念已得到充分研究和全面解读，一如本章所示。我们科学家也称之为"感官处理敏感性"（与感官处理障碍无关），因为它的主要特征是相较其他人，具备这种特质的人会对信息进行更彻底的处理[2]，即"高环境敏感性"。每个人对身处的环境都具有不同程度的敏感性，但高度敏感者尤甚。

做过开篇的自我测试后，你可能开始认识到自己是为数不多的敏感人士，抑或之前你就已心中有数。无论如何，你阅读本书是要了解高度敏感为何能让你的育儿体验变得尤为不同，以及该如何应对并充分利用这些差异。

第一章旨在向你和与你共同阅读本章的人证明敏感特质真实存在，以便他们通过阅读更好地理解你。本章简要但全面地解析了你的特质及相关研究。

研究："敏感挺好的，但是……"

正如我在序言中所说，我们所做的在线调查是与高敏感父母最息息相关的一项研究。我们调查了1200余名英语国家的父母，其中既有高度敏感者，也有不具备这种特质的人。[3]得出的基本结论是高敏感父母普遍觉得养育子女很艰难，但他们与孩子之间也更为同调。

在此，我想简要地分别谈谈父母双方的情况。（声明一下，我们的调查并没有询问受访者的婚姻状况，也没有询问他们是异性恋还是同性恋。）我们有两组调查样本，每组样本中都包含高敏感父母和非高敏感父母。第一次调查时，我们采访了92名母亲，而受访的父亲太少，不足以进行单独的统计分析，所以这次我们只研究了母亲的情况。先后两个样本中，母亲的调查结果高度相似。

第二组样本包含802名母亲和65名父亲，对我们分析父亲的情况有了一点帮助。平均而言，相比非高敏感父亲，高敏感父亲觉得养育子女更困难一些。但这一差异很小，在统计上并不显著，可能是由于母亲更常亲自照料小孩。与不具备这种特质的父亲相比，高敏感父亲普遍报告他们与孩子更同调，一如高敏感母亲。尽管样本中的父亲为数不多，其中的高度敏感者更是稀少，但这一点仍表现出明显的统计意义。

同调对于抚养高敏感男孩尤为重要，而高敏感父亲正好能与之心意相通。恰似一位高敏感父亲所言：

> 我的敏感打开了儿子的心扉，让他成长为一个富有爱心的人。我们看了很多展现男性关怀体贴的一面的电影，很好地缓解了他朋友爱看的那些暴力电影的冲击。

我们认为高敏感父亲报告的育儿难度与非高敏感父亲相差无几，主要是因为：第一，受访父亲的样本量仍旧太小，无法得出充分的结论；第二，我们没有收集受访父母是留守家中还是外出工作的数据，但这些父亲多半每周带孩子的时间较少，因此不太可能像母亲那般精疲力竭。除此也许还有其他原因，致使高敏感父亲报告的育儿难度与其他父亲区别不大。

碍于父亲的样本有限，我们也不确定父亲在育儿困难方面呈现出如此结果的原因，所以本书从始至终提到的几乎都是高敏感父母，并未指明是母亲还是父亲。不过，各位高敏感父亲还请记住，均值无法代表任何一个个体。它们描述的不一定是你。即便你觉得养育孩子非常困难，也未必是你的做法有误。

约有600名高敏感父母填写了问卷末尾的个人心得。我读到这些心得时，一种频频出现的语法结构引起了我的注意。我称之为"很好，但是……"句式，譬如：

> 做父母的感觉十分美妙，但也非常痛苦，而且很难把这些感受说给那些不甚敏感的人听。

> 我非常喜欢小孩，一生都想生儿育女，但我经常觉得不堪重负。

> 身为高度敏感者，我认为生养小孩无疑是我最宝贵的人生经历。虽然很多时候我的努力里都充斥着疑虑、愧疚和担忧，不过我深信高敏感特质仍在总体上提升了我的育儿能力。

过度刺激如何影响你育儿

这些父母表达了一个悖论："我做得很好，也做得很糟。"

这句"做得既好且糟"很重要，值得记下。在结束探讨我们针对高敏感父母所做的研究之前，还务必要提到一项别人的研究，我估计今后还会有更多类似的研究结果出现。该研究发现，平均而言，高敏感父母的表现不如那些没有这种特质的父母。[4]这一点体现在他们自我报告的教养方式中。父母的教养方式你或许早有耳闻，可分为三种。其中一个极端是专断型，一味要求孩子服从，规矩森严（高标准、低沟通）。折中的权威型最为理想，虽然也对孩子有所要求和限制，但采取的是一种关怀和倾听的方式（高沟通、高标准）。另一个极端是放任型，对孩子几乎无所限制，基本只求孩子开心就好（高沟通、低标准）。高敏感家长普遍表示他们的教养方式趋于两个极端，若非专断就是放任，鲜少表示自己采取的是折中而理想的权威型教养方式。

当然，父母的教养方式每天都在变化，但该文作者的看法与我不谋而合。极端的教养方式或许不能代表高度敏感者的育儿理念，但高敏感父母之所以至少报告了一种极端的教养方式，而且很可能在不同场合下交替使用两种极端的教养方式，是因为他们经常不堪重负，他们报告的只是自己在这种时候会如何处理孩子的要求。

具体情形可想而知。也许他们当时急需休息，觉得唯有对小孩令行禁止才行。他们会说："现在给我安静一点。我需要休息。你自己回房去玩，别发出声音来吵我。"孩子开始抗议。父母打断他说："你现在要是不肯乖乖听话，你知道会有什么后果。今晚我不会给你讲故事。我只数到三。少来，我才不管你是不是会'轻手轻脚'地在这儿玩。等我休息好了，再去找你。"

也许高敏感父母当时迫切想要得到片刻安宁，为此可以不顾一切。譬如，精疲力竭的父母可能会说："该休息了，麻烦你回自己房间去，我好休息一会儿。"孩子说："可是妈妈，我想在这里玩！"（开始呜咽，继而啜泣）"不行，你玩玩具的动静太大了。""不会，这次我保证很安静。""你现在先回房，回头我们再一起玩。""不要！我讨厌你！"（开始尖叫）于是，父母便屈服了："好吧，好吧，我知道你不喜欢这样。那你就在这儿玩吧，但是要安静，一定要安静。"

本书要讲的不是如何抚养子女（虽然我会在第三章提及一二）。育儿类的书很多，我建议你不妨向它们取经。本书实质上旨在减少你所面对的过度刺激，让你有更多时间休息和照顾自己，进而成为最好的父母。这并非易事，想要达到这个目标需要经常"做得很好"，偶尔"做得很糟"。所有父母都有表现"糟糕"的时候。但在阅读本书的过程中，我相信你会越来越能发挥天性，用同调、关爱和权威型的教养方式抚育子女。（我希望今后有人能做项研究，看看高敏感父母在没有遭受过度刺激的情况下，有多擅长带孩子。）

接下来，我们来看看针对高度敏感者的一般性研究。

适用于所有高度敏感者的研究

我们可以从以下四个方面考察相关研究，因为敏感性有四个关键特征，我称之为DOES：

- **深度处理（D）**——强烈的探究欲和深度处理信息的能力。
- **易受过度刺激（O）**——你早已深有体会！
- **情绪反应与同理心（E）**——对此你一样有所体会，但研究剖析得更为清楚。
- **敏锐地察觉细微刺激（S）**——对你养育孩子极有帮助。

我们将分别探讨这四方面的研究。重在向你证明你的高敏感特质切实存在，以及为何它能让你成为更好的父母，哪怕敏感确有一些缺陷。如果你想了解更多研究细节，可以参看本章注释。

深度处理：探究欲与反思力

何谓深度处理？ 一般说来，人们初次拿到一个电话号码却无法将它写下来时，为了记住这个号码，多半会尝试对其进行处理。通过多次重复、思考数字的规律或含义、援引与这些数字相似的东西来协助记忆。如果你不对信息进行处理，遗忘在所难免。

高度敏感者会深度处理每一件事——不仅是要记下来，还要把他们注意到的事与过去的经历联系起来、两相比较，就像寻找迷宫的另一条出路一样。这就是这种生存策略的精髓，所有动物都早已演化出这种策略。无论是果蝇、鱼类、乌鸦还是猩猩，敏感的个体都会比同类更深入地处理（登记和反馈）感觉刺激，这种处理持续不断且不由自主。

下面是一个大家都很熟悉的人类自身的例子。（从现在起，我们将专注探讨智人父母。）一位刚有了小孩的高敏感母亲看到一辆婴儿车从旁经过，脑子里可能冒出一大堆想法：婴儿车的大概价格、各种功能（杯托、遮阳篷）、不慎倾翻会怎样、推车人身上的诸多细节，以及迅速地与其他婴儿车做比较。要是她也有一辆婴儿车，可能还会比较一番，看看自己是否买对了。而非高敏感父母也许根本不会注意到那辆婴儿车。

在我们的调查中，高敏感父母最为认同的两项表述是"育儿抉择（就学、购买儿童用品等）快把我逼疯了"和"身为父母，我认为我的决定没错"。看吧，他们就是如此。

高度敏感者并不总是苦于做决定。毕竟，倘若我们仔细观察过情况，并在下次做决定时用上我们的观察结果，那么遇到新情况，我们的反应可能快人一步。而有时我们还可以仅凭"第六感"，不知怎的就做出了决定。这就是所谓的直觉，高度敏感者的直觉颇为精准（但并非万无一失！）。直觉是潜意识深度处理的结果。在我们的调查中，受访者如果愿意可以写些心得，高敏感父母往往会谈及他们的直觉。而就调查结果而言，他们也比没有敏感特质的父母更认同问卷中的一项表述："我常常在孩子开口之前，就知道他想要什么。"

深度处理带来的另一个结果是凡事尽心尽责。你会多加考虑自身行为的后果——譬如，要是所有父母都把脏兮兮的纸尿裤，随手丢进灌木丛会怎样？要是每位接孩子放学的父母，都把车并排停放在校门口会怎样？你或许比大多数人更能留意到其他父母考虑不周之处。换言之，别的父母并未虑及（留心、反思、处理等）他们给别人造成的麻烦。但你具备深度处理信息的能力，行事可能更周全。

对深度处理的研究

有研究比较了高度敏感者与不具备敏感特质的人在执行各类知觉和信息处理任务时的大脑活跃程度，结果支持高度敏感者对信息处理更深的观点。[5]由雅齐亚·雅盖维洛奇（Jadzia Jagiewillocz）领导的纽约州立大学石溪分校的研究团队，完成了首个或许也是最重要的一个相关研究。他们发现高度敏感者更经常使用负责"深度"处理信息的大脑区域，尤其是在完成需要注意细节的任务时。[6]斯坦福大学进行了一项后续研究，由我丈夫亚瑟·阿伦（Arthur Aron）带队。被试需完成一些知觉任务，经先前的研究证明[7]，这些任务的难易程度（即在大脑扫描中，被试大脑显示出的活跃程度）取决于被试的文化背景（"依存型"或"独立型"）。

然而，两种文化背景中的高度敏感者（该研究中是东亚人和欧美人）在执行这些任务时，磁共振成像的结果却出人意料。不具备敏感特质的被试的大脑活动则合乎预期。这表明文化因素阻碍了他们完成任务。但耐人寻味的是，高度敏感者却并未表现出这种因文化障碍而造成的大脑更加活跃的现象。在我看来，这意味着无论他们来自何种文化，都能轻松自如地超越自身的文化预期，看到事物的"本来面目"。

父母对孩子的教养无不受亲属和当地文化的影响。然而，不少敏感父母却表示，当孩子需要的东西不符合文化典型时，听取别人的建议反而徒增烦恼，不如置之不理。我无意对他们的做法表示认同或不认同，不过有些敏感父母告诉我，他们睡觉时会把婴儿抱上床一起睡，并不遵从目前预防婴儿猝死综合征的建议。还有人在药物治疗无效时，会尝试一些替代疗法，如顺势疗法或针灸。他们为孩子选择非同寻常的学校就读，或者索性在家自学。他们传授给孩子的价值观，不同于其他孩子接受的观念。当然，不少低敏感父母也会这么做，但在我的印象中，高敏感父母明显更常如此。就像那些接受磁共振扫描的敏感被试一样，高敏感父母在做育儿抉择时也能摆脱文化限制。例如：

> 罗伯特是位高敏感父亲，对怀孕和分娩做过全面研究，并在中国生儿育女。他的妻子分娩时难产了，产后需要好好休息，但他们刚出生的宝宝需要身体上的抚慰和接触。所以不得不出门时，罗伯特就用中国妇女常用的那种老式背带将孩子背在身上，东奔西走。当时，中国男人都不会这样背孩子。罗伯特此举并不是为了打破成规，而是在他看来这就是最好的解决办法。没过多久，左邻右舍的中国父亲纷纷开始效仿罗伯特。他无视文化规范，确实只为尽其所能地照顾好孩子。

比安卡·阿塞韦多（Bianca Acevedo）的一项研究也进一步证明，高度敏感者更善于深度处理信息。研究人员会向被试展示其爱人的照片或是一张中性面孔。[8]具体情况容后再叙，在此只为强调又有研究发现了高度敏感者对知觉的深度处理[9]。此外，与不具备敏感特质的人相比，高度敏感者大脑中一个名为脑岛或岛叶皮质的区域更为活跃。该区域负责整合我们的即时体验，故有人称之为意识的栖息地。这一结果正契合我们对高度敏感者的预期。

你强烈的情绪反应、共情联结和细腻的同调

> 我和两个孩子之间有种心有灵犀的感觉。

> 我能体会孩子的心情，精心养育他们。

我能读懂儿子所有的面部表情，哪怕是旁人注意不到的细微表情。

早在1997年，我与丈夫开展首项研究时，便发现高度敏感者报告称他们的感受性更强。[10]在2005年的一项实验中，我们让学生以为他们的能力倾向测试结果要么很好，要么很差。敏感的学生受到了强烈影响，没有这种特质的学生几乎无动于衷。[11]

2016年，雅齐亚·雅盖维洛奇，那位率先对高度敏感者的大脑进行研究的学者做了一项实验，她向被试展示一些会让大多数人产生强烈反应的照片（比如用蛇、蜘蛛、垃圾堆等物引起消极反应，用小狗、生日蛋糕引起积极反应）。高度敏感者对积极与消极的照片都报告了较强的情绪反应，并能更快地表达出他们对每张照片的感受[12]，尤其是积极的照片[13]。大脑扫描的结果也与此相同。有意思的是，如果被试童年幸福，这一现象则更为显著。[14]

当然，作为高敏感父母，你需要回应的不是小狗和生日蛋糕，而是另一个人。在我之前提到的比安卡·阿塞韦多及其同僚的研究中，敏感被试与没有这种特质的被试会看到陌生人和自己爱人的照片，照片中表达的情绪或快乐，或悲伤，或中性。[15]当照片带有情绪色彩时，敏感被试的大脑比其他被试的更为活跃。其中一些大脑活动发生在镜像神经元系统中，该系统能帮助人类和其他灵长类动物通过模仿进行学习，同时也与同理心息息相关。依据这项研究，该系统似乎特别有助于高度敏感者领会他人的意图和感受。敏感被试看到爱人的笑脸时，反应最为明显。但无论是爱人还是陌生人的悲伤面孔，也都能引发同样的反应。另外，这也表明高度敏感者强烈的情绪反应是出于更复杂的情绪**处理**方式，而不是单纯因为他们"比较情绪化"。

过于情绪化是好是坏？

能够设身处地地为他人着想显然是种优良特质，尤其是为人父母。但你可能也在想比别人更情绪化，是否会让我们不甚理智、头脑发热。

我这儿有些好消息。最新的科学模型[16]认为情绪是思考和智慧的核心。情绪促使我们思考。[17]好比我们知道要考试，就会加倍努力地学习（尤其是高度敏感者），记住更多知识点。换言之，情绪的主要作用不仅是促使我们行动，还会刺激我们思考。从这个角度来看，高度敏感者其实是比其他人**需要**更多的情绪刺激来处理信息。

诚然，情绪有时是会让人不假思索地贸然行动，甚而做出不理智的行为，高度敏感者也概莫能外。如果你以前家里发生过火灾或是答不上来问题在班里丢了脸，那么现在哪怕遇到与当初的创伤性情境有一丝一毫相似之处的情形，譬如一股烟味或是当众回答问题，你也很可能焦虑不安。无论是积极还是消极的经历，高度敏感者都会做出强烈反应。如果你有很多消极经历，你对它们的持续反应会在一段时间内干扰你的理性思考——但绝不会**一直**如此。

有件重要的事请务必牢记：对大多数高度敏感者而言，养育子女是种全新的经历，与之前的各种创伤性经历都没有太大关系，就算是童年创伤也一样。我们发现高度敏感者的报告与没有这种特质的人一样，自身的童年经历并未过多地影响他们抚养孩子。也许养育小孩对高度敏感者而言其实是种治疗，为他们开辟了一个收获自信与快乐的新领域。

更值得注意的是，我们探讨过的这几项研究均表明，相比消极经历，高度敏感者似乎受愉快和成功经历的影响更大。比起不具备敏感特质的人，这种现象在高度敏感者身上更显著，所以我们可能比其他人更渴望重复这些好的经历。换言之，高度敏感者会比许多人更积极地留意机会、利用机会。

例如，高敏感父母可能会尽早为孩子申请他们心目中最好的学前班。（有些国家可能没有学前班这种说法，但在美国和其他一些国家，指的就是幼儿教育。根据教学活动的不同，托育或日托机构可能涉及也可能不涉及幼教，还可能与幼教是两个概念。）高敏感父母之所以比较积极，是因为他们期待收获孩子被心仪的学校录取后的那份欣喜。另一个类似的例子是，高敏感父母对去年冬天和孩子一起玩雪的积极经历念念不忘，极有可能在今冬安排更多玩雪的活动。

此外，作为高敏感父母，我们大多数人会开放地思考幸福的含义（良好的性格、优质的人际关系，以及一些远比享乐与赚钱更重要的东西），从而明智地引导孩子。我们比其他父母更注重为孩子打算，因为看到他们快乐茁壮地成长，能让我们无比满足，我们对所有积极事物都很敏感（即便有时看起来并非如此！）。

下面这个故事，讲的是一位高敏感母亲在她（相当积极）的离婚经历中体会到了何等强烈的情绪。故事脱胎自南希的自述。

南希和哈尔都有一份相当繁重的全职工作，他们发现除了商量孩子的事情外，他们没有一点闲暇。尤其是南希，既要兼顾工作，还要扮演母亲和妻子的角色，搞得精疲力竭、情绪低落——简而言之，"已处于精神崩溃的边缘"。

夫妇二人最终选择离婚，讽刺的是，这反倒解决了他们之间的问题。现在上班日孩子跟着南希，哈尔趁此机会喘口气。周末则由哈尔带孩子，轮到南希休息。[注：我知道你们也想问——为什么夫妻不能在离婚前就这么做？！] 这对父母仍然是好朋友，用南希的话说，他们有一份"相敬如宾的共同抚养协议"。两人甚至还带着儿子丹，一起去迪士尼乐园过生日。

在那里，南希经历了一件让她深为动容的事。安顿好房间之后，她下到酒店大厅与哈尔和丹会合。她看到他们站在远处，脸上挂着大大的笑容眺望着她——她心中涌起无与伦比的喜悦。尽管他们已不再是传统意义上的一家人，她却觉得非常满足："我们已经渡过难关，等待我们的是幸福而蓬勃的美好未来。丹会有两个快乐的父母。"南希在奥兰多那家酒店的大厅里，看到了围绕在他们三个周围的光芒，她知道自己永远不会忘记那一天。"我的敏感将那一幕深深地刻在我的脑海里。"她如是说。毋庸置疑，她如此开放地接纳了这段积极的经历和这份深深的喜悦，令他们三人都受益无穷。

你能敏锐地察觉细微刺激

高敏感父母常自豪地谈到他们对细微刺激的捕捉：

> 我的第二个孩子早产了十三周，做了气管造口术。她无法发声，所以哭的时候别人听不到。多亏了我的敏感，我对她的需求了如指掌，从未让她独自哭泣，得不到照料。

> 我们参观了很多大学校园，想帮我儿子选一所合适的。我总是不由自主地注意到一些小细节——带领我们参观的学生领队的言行举止、穿着打扮，校园里植被的生长情况，与我们交谈的人的神情和语气。最后，我只是一五一十地说出了我的观察，他自己拿主意。他没有选择名牌高校，而是选择了一所精心管理的学校。我儿子在那里受到了良好的教导，顺利进入他最想去的医学院。

高度敏感者往往比其他人更能注意到环境中细微的感觉信息。这使得他们特别擅长应付不能自我表达的生物：植物、动物、高龄老人和小婴孩、疑难杂症患者（或**病体**），更别说和语言不通的外国游客交流了。显而易见，他们在同婴幼儿打交道方面也极有优势（面对青少年亦是如此，虽然他们**能够**说话，但有时就是不愿开口）。

高度敏感者对细节的觉察与他们的情绪反应和深度处理信息的能力密不可分。这就是为何本章先前提到的深度处理研究，还考察了被试注意细微差别的能力。在雅奇亚·雅盖维洛奇所做的首个比较高度敏感者与非敏感者的大脑的研究中，被试必须迅速选出哪张风景照与他们之前看到的照片相同。有时，其他照片与那两张相同的照片之间差异显著，很容易辨别，但有时仅有一些微小的区别——多了一捆干草或者多了一根篱笆柱。当照片差别很小时，高度敏感者的大脑明显比其他被试的活跃。[18]

另一项在德国进行的研究，比较了高度敏感者和没有敏感特质的人在一项标准实验室任务中的表现。任务要求被试从一大堆纵横排列的字母 L 里找出散布其中的字母 T。高度敏感者完成得又快又准。[19]

对于有些敏感者来说，他们在这方面的敏感性最为突出。每一件小事都逃不过你的法眼。尤其是那些美好的事物，比如婴儿皮肤散发出的甜美气息、夜晚孩子轻柔的呼吸声，或是洒落在你正值花季的女儿的头发上的阳光。同时你也会苦于一些别人很难注意到的细节，比如孩子吃饭吧唧嘴的声音、伴侣口袋里的钥匙撞得叮当响的动静，或是他人的请求中透露出的些许牢骚。

虽然，我们在一下子要处理很多事情时，容易不堪重负——接下来我们就要讲到这个问题——但敏感性主要指的并非**苦于**高强度刺激。刺耳的噪声会惹人烦躁，但高度敏感者一般都能忍受，而在刺激的耐受性方面存在障碍的人则不然。

就我而言，我对细微刺激的觉察曾挽救过我们全家的性命：

儿子年纪尚小时，我们全家住在不列颠哥伦比亚省的一个小岛上，我们在那儿有栋木屋。一年秋天，我们一家三口同时患上了流感。室外很冷，所以我们只不断往壁炉里添柴火，完全没有精力去做一件我们此前从未做过的家务：清扫烟囱管道。肮脏的烟道壁上积满了杂酚油，很容易点燃，致使炉管过热，一接触木料便迅速起火。

那天就出了这样的事——就在半夜，我们都发着烧睡得死沉之际。

但我却听到了什么动静，也可能是闻到了什么气味。无论如何，我总归是惊醒了。透过天花板上的缝隙，我看到屋顶下的架空层里闪烁着不应有的光亮。我立马反应了过来，一跃而起，叫醒丈夫，一把从婴儿床里抱起儿子，一起逃了出去。当时我说不出个所以然来，但现在知道了正是我对微弱光线、声响和气味的敏感，救了我们一命。

综合各项特征——幸运的你和幸运的孩子

DOES中的D、E、S都赋予了你极大的优势：**深度**处理信息、做出**情绪**反应和察觉**细微刺激**的能力，三者巧妙地协同合作。（剩下的弊端，那个恼人的O，我们下一章再讲。）

在孩子入学早期，敏感性的这三大特点会持续在反思、共情和觉察细节方面协助我们教养孩子——尤其是帮助我们决定何时该态度坚决，何时该顺其自然，何时该鼓励孩子独立，何时该允许日益成长的儿女暂时像小时候那样依赖父母。譬如，分离恐惧在所难免，而碍于我们强烈的情绪反应，当孩子哭着被单独留下时，像我们这样的高敏感父母往往特别伤心。然而，我们知道适当培养孩子的独立性有利于他的成长，因此我们也非常善于从他的眼泪和言语中发现一些细微的线索，找到合适的契机离开，哪怕他正在哭泣——甚至还可以做得更好，规避这样难舍难分的场面。

高敏感母亲劳里育有两个小男孩，谈到较为难带的那个儿子时她说：

> 高度敏感的天性让我清楚地知道儿子的感受，在出现问题之前就能有所预见。我努力发现潜在问题，思考解决办法，然后与他和其他家庭成员商量我们该采取怎样的应对策略。总的来说，我对孩子的直觉还是很准的，我越来越相信自己的直觉了。

朱莉的高度敏感也同样帮了她大忙：

> 我经常会在孩子尚未表现出任何引人注意的症状前，就知道他们生病了。

朱莉的丈夫不具备敏感特质，认为她在胡思乱想。但随后孩子出现症状，证明朱莉的感觉没错。

久而久之，我对当好父母越来越有信心，由于之前的成功，我也越来越相信自己的直觉。

对于年龄较大的孩子，高敏感父母做出的贡献可能更潜移默化。譬如，高敏感父亲唐的孩子年纪都比较大了，他提到他与孩子关系深厚带来的一个积极影响：

他们能真诚地接纳自己的感受，我认为这是因为我经常与他们交流，鼓励他们说出自己的感受和想法。

高度敏感是种古老的生存策略

我一开始就说过，敏感特质也存在于其他许多物种之中，而且总是属于少数派。但这种特质肯定是种进化优势，否则早就消失了。

那么，为何敏感的个体始终是少数呢？

不错，部分原因在于从生物学和个人角度来看，高度敏感太过"昂贵"。你宛如一辆保时捷或捷豹，而不是结实耐用的雪佛兰卡车。你的神经系统非常精细，保养成本更高。

再者，大部分情况下，觉察多余的细节并不会有任何好处。（毕竟，注意到骑师衣服的颜色，对于决定赌哪匹马并无用处。）不过，正如我们所见，有些时候你的特别之处会给你和孩子带来巨大优势。

不过，我们之所以是少数派还有另一个原因。

为研究这种特质的进化过程，荷兰的生物学家创建了一个电脑模型，用以比较各种不同的情况。[20]试想，森林里有成片的草地，营养价值良莠不齐。唯有某些鹿才会注意到这一点。假设小鹿A天生就会留意每片草地的状况，一边迁徙一边学会辨别最肥沃的草地。小鹿B生性不注重观察，见草便吃。如果草地之间的差异甚为悬殊，小鹿 A 继承的生存策略便技高一筹。她要是做了母亲，后代也会因此受益。如果草地之间区别不大，小鹿 B 的生存策略便占据上风。但什么时候东西的好坏真的完全没有一点差异呢？

这其中就蕴藏着我们始终是少数派的真正原因。如果所有鹿都能注意到哪片草地最肥沃，就会一拥而上，吃个精光。最终大家都没落下好处，这种特质也不会遗传下去。

身为父母，想必你对所在城市的布局，包括小街小巷一定都有所了解，因为你会留意开车经过的地方。这种认知可能是无意识的、"直觉性的"（自己也不知怎的就知晓了这些事）。你也可能跟我一样，哪怕用不着地图，仍喜欢饶有兴致地看看。有时，你觉得这些信息并没有什么特别的用处。非敏感的朋友或许会说你有"强迫症"，执迷于细节。就连你自己都觉得这种洞察力很耗精神，换句话说，这种生存策略是有代价的。

现在，假设出城的主干道交通拥堵。或者情况还可能更糟，是城里发生了灾难，你必须带着孩子离开。手机和导航软件都用不了了。灾难降临前，大多数人对城市交通不甚在意，只知道走干道出城。他们厌烦研究地图。所以唯有你和少数高度敏感者能尽快出城，其他人则堵在路上。

其中的关键在于如果所有人都知道你走的捷径，那不管走哪条路大家**全都**会堵在路上。（不错，GPS 是会为大家提供最通畅的路线，但我猜高度敏感者会进一步考虑到，如果每个人都依靠导航，遵循它的建议绕行，最后可能还是一样耽误时间。）

当然，其他人往往会通过模仿我们的行为，最终弄清我们所学到的东西。例如，很多高敏感父母非常关注营养学及相关研究，担心家中存在有害物质，避免购买设计有缺陷的玩具，以免伤到孩子。你所在意的问题往往确实值得重视，可能引人效仿，甚而通过相关立法。

也许你有意不让孩子结交那些"野"孩子，不会聘请某些口碑褒贬不一的老师，或是专门送你十几岁的女儿去学防身术。这些谨慎之举是否有回报呢？通常情况下，我们当时并不清楚——或许永远无从知晓。

未雨绸缪是件吃力不讨好的事。我曾听一位心理学家说，再怎么有必要的精神疾病预防项目也不似治疗项目那般容易得到资助，因为很难衡量预防到底有多大效果。这就像在脖子上挂着口哨，驱赶大象一样。要是有人说，"这么做太傻了——附近根本没有大象"，你就可以理直气壮地说，"多亏了我的口哨"。

如果你随时随地都掌握着孩子的动向，是否算过度保护呢？这很难说，但可以确定的是你的孩子更有可能安全地长大成人，这就是进化的意义所在。诚然，所有父母都具备强烈的生物动机和个人动机保护孩子的安全，但就像鹿一样，只要个体间存在轻微差异，环境中也存在细微差别，深度洞察就能获得回报。

高度敏感的育儿策略有用吗？肯定有用，否则敏感不会成为一种遍布世界的特质。

你的不同之处

我已经向你介绍了"典型的"高敏感父母，但请记住，没有哪位高敏感父母能与此全然相符。你们的年龄、身家、文化等许多其他因素都不尽相同。你们中的一些人非常期待为人父母，育有多个子女，甚而可能决定专门学习儿童发展或者从事托育行业。另一些人则较为矛盾，兴许是不希望错失这段人生经历，乃至是为了让伴侣高兴，才愿意为人父母。而生儿育女可能并非你的人生使命。

遗传或许是导致这种差异的因素之一，例如控制催产素水平的基因发生了变异。这种神经递质最早发现于初为人母的女性身上[21]，但现在我们知道无论男女，每个人体内都具有不同水平的催产素。

你自身的童年环境——家庭、学校和文化——为你将来为人父母打下了多少基础，也是造成差异的原因之一。此外，还要看你在家带孩子的条件如何，能够获得多少支持。另一个造成差异的因素是你的孩子有多难带，也就是说，他们是否容易分心、过分活跃、情绪化、冲动、顽固或执拗。他们也可能高度敏感，在尝试新事物前会谨慎观察，受不了一丁点噪声或粗暴对待，容易为此焦虑。这些偏激的性格都属正常。只是父母须加倍努力才能照顾好他们，这对任何父母来说都是巨大的消耗——高敏感父母尤甚。

当然，还有其他一些差异同样极大地影响着我们育儿。有的孩子甚至一出生就患有某些疾病，面临特殊的"挑战"：或许是身体上的，如脑肿瘤；或许是情绪上的，如双相情感障碍；或许是认知上的，如学习障碍或大脑发育问题。

我之所以说这些，依旧是因为我希望这本书能兼顾你们所有人，但正因如此，我无法面面俱到地满足每个人的需求。

不过，你们都有一个关键的相似之处。

第二章

应对过度刺激

给予高敏感父母恰当的关怀和理解

一位高敏感母亲如是说：

我认为总的说来，养育小孩让我不堪重负。首先，事情怎么也做不完。其次，还要回应老师和其他家长的期待。如果我试图效仿那些非高敏感母亲的做法，我可能只能撑一天，之后好几个月都得为此付出代价。

另一位高敏感母亲有感而发：

我总是魂不守舍。一天天地熬着，做饭，付账，洗衣，当司机。像个机器人似的，完成所有必须要做的事，因为这就是我不得不付出的一切。表面上，我似乎很能干。但毋庸置疑，我无法成为孩子和丈夫温暖而安全的堡垒。

一位高敏感父亲表示：

高度敏感者从生活中吸收了太多信息，大脑宛如一台全速运转的计算机。

根据我的调查研究，高敏感父母育儿无疑比没有这种特质的父母压力更大、更受刺激。譬如，相比那些不甚敏感的父母，高敏感父母更认同以下两项表述："我没有足够的时间休息。""有了小孩后，我一直很难睡个饱觉。"

在进一步探讨之前，我想先提醒各位，高敏感父母不一定总是受困于压力。无论有无压力，他们与孩子之间的同调性都胜于其他父母。例如，他们更认同以下表述："我的一大优势是会创造性地带孩子。""当孩子取得巨大成功或备受挫折时，我感同身受。"但发挥创造性需要下功夫，共情则非常耗费心力，俱是高度刺激。高水平的刺激会掏空你的精力，而你之所以能意识到这一点，是因为你会变得效率低下、闷闷不乐。

重申一遍：所有高度敏感者都会竭尽全力地处理信息，并体会到强烈的感受，包括他们对别人的共情。他们能更快更准确地分辨出细微的差别。如此敏感地连续运作数小时，自然倍感压力。此中利弊，不可分割。

你可以把自己想象成一块电池（从电化学神经系统的角度来看，我们在某种意义上就是如此）。如果你尽可能地与孩子保持同调，你的电力会比其他父母消耗得更快。一旦你的能量濒临枯竭，就很容易被噪声、凌乱和各种需要关注的事压垮。容易积累压力，最终不堪重负，就是高敏感父母生活的真实写照，尤其是孩子还很年幼，乃至家中不止有一个幼儿的话。

针对凌乱和高敏感父母的研究

两个孩子把家里搞得一团乱，让我坐立难安，只有全部打扫干净了，我才能平静下来。所以我每天都要花一两个小时做清洁，把东西各归各位。

普渡大学的西奥多·瓦克斯（Theodore Wachs）使用高敏感量表（及另一种测量被试对噪声的敏感性的方法），研究了凌乱对敏感性各异的父母的影响。[1]

他对每家每户的噪声、混乱和拥挤程度进行了评估。之前已有研究表明，家中凌乱与父母（并未特别针对高敏感父母）不太回应和陪伴孩子、较少提供教育刺激、缺乏有效管教、认为孩子睡得不够以及为人父母信心不足有关。这**并不**意味着只要家中凌乱就是父母失职，也不意味着如果你难以维持家中整洁，就一定是个糟糕的父母。因果关系也许恰恰相反：失职的父母（可能多半出自非敏感的那80%的人）会放着凌乱不管。究竟是何种因素所致目前尚不清楚，但可以看出家中凌乱，更可能导致育儿问题。显然，瓦克斯想探究的是如果父母高度敏感，情况又当如何。

瓦克斯针对凌乱与敏感的研究发现，虽然每家每户的噪声和凌乱程度明显不同，但高敏感母亲和前去观察居家环境的研究人员对家中凌乱程度的评估相差无几。家中凌乱的家庭，高敏感母亲也**自觉**凌乱，尤其是家中人口较多或没有地方专门给孩子放玩具。但不具备敏感特质的父母却并不认为自己家乱，哪怕评估人员觉得很乱。该研究没有进一步测量那些受不了凌乱的高敏感父母（当然，并非所有高敏感父母皆是如此）能否高效持家，但我们的研究表明，起码他们自我报告得非常高效——胜于非高度敏感者。

高敏感父母遭受过度刺激的其他来源

除了家中"凌乱"，另一个过度刺激的来源是我们的情绪反应。如你所知，深刻地感受一切也是一种刺激。对许多人来说，避无可避的社交刺激是他们面临的最大难题。恰似一位高敏感家长所言：

> 孩子的玩伴最麻烦不过了。又多了一个孩子要照顾！

接着是育儿抉择。我曾听年轻父母一连数小时大倒苦水，纠结于该选择哪个保姆、儿科医生、托儿所或学前班。高敏感父母还会深思熟虑，是回去工作还是再要一个小孩。

这些决定都不是小事。有时，如何抉择取决于你的个人价值观，但通常都有许多有用的信息可供参考。现如今，真正的麻烦在于搜寻这些信息。你上网搜索多久就会感到刺激过度、疲惫不堪？（我将在第四章深入解析这个问题。）

你的身体也是你遭受过度刺激的来源之一。高度敏感者普遍在高敏感量表上报告称，他们对疼痛更敏感。好比做父母的都容易出现肌肉拉伤和腰酸背痛的毛病，但高敏感父母可能倍觉疼痛。高敏感父母对所有身体刺激的感受性都很强，包括开会时坐的椅子不舒服搞得背痛，穿着不合脚的鞋去游乐园，以及任何你觉得闻起来臭烘烘的味道。

错综复杂之事也会造成过度刺激，比如阅读烦琐的说明、记住某些事或是决定接下来的打算。这些你都能处理，但需要耗费精力。

此外，还会有两种或两种以上的复合刺激来源——例如，孩子在你打电话或研究菜谱时缠着你说话。

就算是轻微的刺激，比如环境中的电视声，一旦持续时间过长也会变成过度刺激。如果你此时还要做别的事，就更需要付出成倍的注意力。自控需要消耗精神能量，而精神能量又需要消耗身体能量，因为你的大脑也是一个身体器官，需要摄入营养和依靠休息自我修复。[2]

你对自己有多宽容，极大地左右着你自我刺激的程度。自我批评令人心力交瘁。

父母倦怠感的生理机制

养育任何年龄段的孩子都会受到过度刺激，只是形式不同而已。如果你的孩子还不足两三岁，有本好书可以参考，由里克·汉森（Rick Hanson）、简·汉森（Jan Hanson）和里基·波利科夫（Ricki Pollycove）合著的《妈妈的教养观》(*Mother Nurture*)，主要讲述的就是母亲的倦怠感。[3]（基本同样适用于父亲，无疑也包括高敏感父亲。）事实上，哪怕你的孩子年纪偏大，你兴许依旧能从中受益。该书由三位经验丰富的医学专家联合撰写——一位医生、一位针灸师和一位心理治疗师。虽然这本书写于2002年，只论及了母亲，并非专门针对高敏感父母，但它从生理学的角度很好地解释了你的问题，并提供了大量治疗选择。

各位高敏感父亲，请务必重视自己的倦怠感。诚然，在我们的第二次调查中，受访父亲的人数已足够我们分析数据发现，高敏感父亲与高敏感母亲不同，他们在养育孩子方面并未比不具备这种特质的父亲存在更多困难。即便如此，你们中的一些人可能仍然承受着相当大的压力。你或许和你的伴侣一样忍受着各种生理变化。纵然她才是怀有身孕的那位，但从她怀孕至今，你可能肩负起了很多额外的工作与烦恼。例如，父亲的压力多来自赚钱养家，或是家务事越来越多，同时还要兼顾工作，而我们并未在问卷中询问工作压力。

四大系统与一个功能

为人父母的头几年，就可能拖垮你体内的四大系统，特别是母亲妊娠困难或是父母中有一方之前就身体孱弱、饮食不健康、身患其他疾病以及因为其他原因存在情绪压力。每个系统都与其他三个系统休戚相关。

消化系统。育儿压力可能导致你的消化系统——肠胃——消化不良，造成反胃、便秘、腹泻、胀气和营养不良等问题。这意味着你身体的其他部位——其余三大系统——吸收不了足够的营养，也运转不良。

神经系统。神经系统负责传递周身信息，所以出现问题时，它会提醒你，让你产生焦虑或担忧的情绪和感觉。神经系统功能失调时思维仍然能产生，这一基本功能并不会中断。但它所产生的想法可能有害你的健康。

此外，如果你需要经常治疗头痛、睡眠不足或因神经系统功能失调造成的情绪低落，还可能影响消化系统。这些系统都会交叉影响。

压力最起码可以导致四种神经递质停止工作。有多种治疗方法可以使它们恢复平衡，但要辨明症结所在，几乎唯有靠了解父母心理、有过相关治疗经验的精神科医生才行。

内分泌系统。内分泌系统能产生甲状腺素、睾酮、催产素、皮质醇、雌激素、黄体酮、催乳素、脱氢表雄酮、胰岛素等多种激素。（无论男女都会产生这些激素，不过部分激素水平显然不同。）这些激素将信息传递到身体各个部位，但它们也有可能无法接收信息或发出错误的信息。如果激素分泌失衡，你可能会感到疲乏、烦躁、紧张、夜间醒来无法再次入睡、情绪低落等。从某种意义上说，激素分泌失衡是在告诉整个身体"我们现在处于压力之下"，让消化系统、神经系统和免疫系统保持警戒。

免疫系统。受压力影响的第四个系统是免疫系统，它是守护你健康的主要卫士。当压力、激素分泌失衡、饮食不良、抑郁或其他原因造成免疫系统过度活跃或活力低下时，你会更易感染或过敏，还可能引发自体免疫反应，出现一些成因复杂、难以诊断的症状，如疲劳和炎症。

以上四大系统还会影响你的肌肉功能——关乎你能否自如地负重、弯腰、玩闹、跳舞和伸展。毕竟，带孩子是实打实的体力活。时间久了，自然越发疲劳。虽然你巴不得变得强壮、不知疲倦，变得对孩子来说几近完美，但接受自己的身体倍感压力的事实，能让你更顾惜自身需求，高度敏感者更该如此。这意味着要为所有身体系统制订周全的自我呵护计划。也就是说，你要腾出时间满足自身所需，生病或需要就医时，要给自己一些喘息之机。

高敏感父母的潜在倦怠感永远不会消失

养育学龄儿童和青少年所遭受的过度刺激对身体造成的影响，其实和孩子还小的时候一样，只不过你可能更懂得自我呵护了，而且刺激的形式也发生了变化。你也许还是缺觉，因为你要早早起来为孩子上学做准备，送他们到校。你要负责应付孩子从学校带回家的任何东西——从"艺术"作品到家庭作业，从情感创伤到各种刁钻古怪的问题，而且他们也会受到过度刺激，由此产生的身体压力要靠你来缓解和抚慰。再者，老师和其他家长也总对你有所期待，有时可能引发一些在所难免的激烈交流。因此，自我呵护不可松懈。

至于青少年？他们在家时总是动静很大——他们听的音乐、说话的嗓门，还有他们那群叽叽喳喳的朋友。家有青少年，你需要考虑一箩筐的问题。与此同时，你也不再年轻，身体系统需要更多照料。我时常借用电影《钢木兰花》里的一句台词——多莉·帕顿在她的美容院里对那几位看着年轻新娘做婚礼造型的中年妇女说："二十岁以后就没有天生丽质这回事了。"只不过我说的是："四十岁以后就没有天生健壮这回事了。"突然之间，我们需要加倍细心地照料一切，避免不适、疼痛和慢性病。

亲密育儿是否可取？

回想为人父母的头两年，如今你已能理解当初抚养婴幼儿时承受的身体压力，接下来就该探讨一下，如何以最小的压力培养出最具安全感的孩子。身为心理学家，我深知让孩子形成安全型依恋的重要性。其实，这也是我特别感兴趣的一个领域。再者，我很欣赏亲密育儿的原则——尽可能地回应婴儿的需求。我认为只要母子乐意，坚持母乳喂养对身心都有益处。（我儿子快三岁才断奶。）婴儿确实喜欢经常与一位可靠的照料者保持身体接触。父母用能产生身体接触的婴儿背带带孩子，自己往往也能轻松一些，因为双手腾出来了，而且婴儿在熟睡的同时还能维持最重要的亲密感。

但我认为，只让婴儿与一位主要照料者建立起安全关系，对高敏感父母来说不是好事。高敏感父母必须在与孩子的不断接触中多多休息。父母务必时时陪伴孩子左右，这是一种错觉。人类从大家族和部落中演化而来，年长的哥哥姐姐、祖母和其他人都会不时接替母亲的工作，好让她缓解一下压力，去照顾更年幼的孩子，或是作为一个能干的成年人重拾之前的工作。为什么我们遗失了这种共同照料下一代的天性？（在此我不会作答——你现在无暇阅读我的假设。）事实上，我们很多人仍有一大家子亲戚，他们可以伸出援手，又或者还有朋友可以求助，他们不是亲人胜似亲人。再者，很多父母身边都有同伴。同住一个社区的年轻父母可以相互分担，形成一个大家庭。我认为日托也是一种扩大"家庭"内涵的现代方式，而且随时待命。一个人在家带孩子，似乎才不怎么符合人类的育儿传统。

由真正关心孩子的人所组成的大家庭，仍能践行亲密育儿的基本原则——尽可能地回应婴儿的需求和保持身体接触。而婴儿可以由此与一个或**多个**值得信赖的照料者形成依恋关系。或许**唯有**他人也参与进来填补照料者的角色，才能真正实现积极回应和身体接触的原则，至少对高敏感父母而言就是如此。正如我们所知，婴儿可能生来就期望能有多个照料者，而非只仰仗一人。

此外，起码据我所知，目前还没有研究表明，由父母任意一方带孩子的亲密育儿优于"主流"的育儿方式，尽管你我可能直觉上认为前者更可取。不过依恋关系必定涉及两个人：照料者和孩子。由此看来，真正重要的应该是照料者和婴儿双方之间的互动方式。有些婴儿不愿长期吃奶。有些父母老抱着孩子，可能损伤自己的背部。若是一位全靠自己带孩子的家长恰巧碰到一个夜里睡不踏实的婴儿，这位孤立无援的照料者只能一次又一次地起夜，结果会怎样？还记得过度刺激造成的种种生理影响吗？

简而言之，仅与一位照料者（通常是母亲）长期接触的育儿方式，在某些情况下可能效果不错，但我认为对高敏感父母而言多半未必。一边践行亲密育儿一边在心里崩溃大叫的父母，**不大**可能培养出"全面发展"的孩子。

　　然而，出于责任感，许多高敏感父母仍尝试自己带孩子。这就是为何我个人希望能准许高敏感父母（如果他们需要这份许可的话）用其他方式给予孩子安全感，而不是时刻守在他们身边。要是你养的猫生过小猫的话，你应该知道无论小猫怎么叫，母猫有时仍会离开猫窝。学学你的猫吧！

　　一些采取一对一亲密育儿方式的高敏感父母表示：

　　　　我需要自己的空间，但这种育儿方式根本不允许我这样做。我渴望清静，但绝大部分时间孩子在身边，很难彻底安静下来。我想少受点刺激，但压力层出不穷。为了培养出全面发展的孩子，所有这些都值得吗？谁知道呢？

　　　　身为高度敏感者，亲密育儿让我们倍感压力，因为孩子始终全天候地待在我们的"私人空间"里。我的意识说："这是我理想中的育儿方式。"但我的敏感性却说："快把孩子带走，我需要休息！"真是一段艰难而充满压力的历程。

　　　　我相当敏感且极为关心女儿的健康，所以不惜全身心地践行"亲密"育儿，包括延长哺乳期、和孩子同床共枕、感同身受地与之交流。我们和大女儿一起睡了七个月，然后开始让她自己睡，任由她"哭个够"①（她一直哭到了第二年）。待到小女儿出生后，我索性让她无拘无束地和我们同床睡了二十个月。我知道无论何时我都在尽力做出最好的决定。只是我希望当初我能更珍惜自己的睡眠，也珍惜女儿们的睡眠。如果可以重来，我会尽早让宝宝在她们父亲那慈爱而怜惜的怀抱中哭着睡去。

如何应对过度刺激

　　我可以为高度敏感者提供数不清的减轻过度刺激的建议——网络上俯拾皆

---

① Cry it out，由理查德·法伯（Richard Ferber）博士提出的一种睡眠训练法，建议等孩子六个月大后开始训练其独自入睡，期间要放任孩子哭泣，避免轻易抱起孩子。——译注

是。但我情愿专门为高敏感父母列出一些不太常见或非常重要的办法。

我喜欢把过度刺激的问题分为三类：避免过度刺激、应对正在遭受的过度刺激和从过度刺激中恢复（虽然三者无疑有所重叠）。以下是些许相关建议。

避免过度刺激

毋庸置疑，上上之策是从一开始就避免受到过度刺激，通常要从你的孩子入手。孩子遭受过度刺激或其他压力时，若掉以轻心，你很快也会变得和他一样。

尽你所能地避免孩子因刺激过度而崩溃。当然，孩子是否容易崩溃取决于他的敏感性。但低敏感儿童也会精疲力竭。世界对他们来说全然陌生，哪怕最简单的事可能也很新奇，处理和适应的过程比你想的更费神。你不可能一点儿不刺激孩子，还指望他们茁壮成长。前往激动人心的地方——他们喜欢的地方、能够有所收获的地方——可能让孩子筋疲力尽，让你们两人都有崩溃的风险。就算他性格外向，一直和朋友在一起也会让他觉得疲累。（孩子闹脾气的问题，详见第五章。）

你得对孩子需要多少刺激、能承受多少刺激了若指掌。有些孩子需要大量刺激，如果一整天不曾兴奋或运动一番，他们就可能变得调皮或叛逆，以此制造刺激。另一些孩子则需要安静。观察你的孩子在放学后、周末和假期的活动量，留意他们表现出的刺激过度或刺激不足的迹象。多数孩子从学校或日托机构回来后，可以自己安静地待会儿。如果孩子在校必须乖乖坐着、服从管教的话，有些孩子回家后可能仍需要"放放风"。无论孩子是安静地待着还是活力四射地踢足球、上舞蹈课，你都能趁机休息一下，只要你允许自己休息，别又去做家务或者和其他家长聊天。

青少年往往把时间安排得很满，如果他正准备考大学，那么学分、考试成绩、入学申请等会让全家都倍感压力。青少年可能更难管束，再者，他们还得学会照顾自己才行。或许不妨建议他们试试看自己能应付到何种程度。让他们把各项活动、功课压力和睡眠时间记在日记里，哪怕只记一周也行。另外，还要评估自己的感受、情绪和健康状况。让他们自行得出结论就好。

别让孩子负担过重，就是在避免自己负担过重，这种基本的育儿之道，对你来说应该不算太难践行，毕竟你和孩子之间一向都很同调。不过，多参考一些建议总是有益的。

建议

- 清楚你们什么时候最容易受到过度刺激——比如，孩子们放学回家后，你必须听他们七嘴八舌地说话。鼓励他们安静地做会儿事，也许可以用零食作嘉奖。倘若他们回家前你一直在忙或觉得自己可能受不了刺激了，就应该在他们休息时，也休息一下。

- 对于年幼的孩子来说（或许我们皆是如此），食物、饮水和睡眠是幸福的关键。

- 如果你的孩子正处于爱哭喊尖叫的阶段，请随身携带耳塞！至少得备有一副降噪耳机。你仍然可以听到孩子的声音，但那些高声尖叫会柔和许多。正如一位高敏感父亲所言：

  > 有意思的是，对我来说，妄图对孩子的哭声充耳不闻比想办法安抚他还难——哪怕要安抚他，也得接近噪声的源头。[他的解决办法是在必要的地方放对耳塞，噪声太大就及时戴上。]

- 给孩子的聚会定些规矩，并仔细筹划。聚会过后孩子势必比较累，而你要是全程参与的话，也会如此。减少玩具的数量，将游戏室收拾整洁，规定他们不得将玩具带出房间。如果带出去了，也要在聚会结束前放回原处。

- 减少杂物。哪怕仅仅是把杂物放进漂亮的篮子里，将一两处桌面收拾干净，也能减轻家中杂乱无章的感觉。买些形形色色的收纳箱或者用纸箱自制也行。不错，收纳箱里的东西并非都井然有序，我们很难完全不在意，但就随它去吧。家有小孩，不可能把每个角落都打理得有条不紊。

- 监控你的精力水平。有位受访者说可以把精力想象成一个馅饼，早上预留三分之一，下午预留三分之一，晚上预留三分之一。一旦你用完了分配给那段时间的三分之一份额，就把精力消耗降至最低档。

- 远在精疲力竭**之前**，就时不时地小憩一会儿是个非常好的办法。一位高敏感家长表示：

> 噪声真的很影响我——起初是哭声，现在是喧闹声。我越累，就越受不了噪声。我可以去参加小朋友的聚会，忍受孩子蹦蹦跳跳、大吼大叫，还有家长想盖过这片嘈杂聊天的声音。我只是觉得这样很累，之后需要安安静静地休息——不过，孩子也一样。除了鼓励孩子安静一会儿外，我还有其他的应对策略，比如为自己留出一个宁静整洁的空间。如果实在没条件休息，就调整呼吸，喝点薄荷茶或水来为自己"加持"。为了保证自己（和儿子）能获得必要的休息，我严格控制着我们家报名参与的活动数量。这对我来说并非易事，因为我很喜欢和人相处。
>
> 我讨厌乱七八糟的，孩子出生以前，我很讲究家居环境。现在我不得不有所妥协，家里的凌乱有时快把我逼疯了，我不得不丢下手头的事，出去走走，否则一定会崩溃。

界限

> 做了母亲后，我遇到过各种极端状况，它们教会了我设下界限的必要。我学会了珍惜自己有限的精力和资源，会让孩子帮忙分担一些家务。如果他们不肯帮忙，就会错失一些宝贵的东西或活动。

对于高度敏感者而言，界限是避免过度刺激的关键。换言之，要学会说

"不"。不过你未必能对婴幼儿说"不"。他们确实需要帮助和照料，有需求的时候可能就会大吵大闹，直接满足他们似乎还轻松一点。青少年也会这样。这种时候，他们需要的关怀或许只是你的倾听，你只需温和地教导他们，他们的选择可能有何后果，而君子当如何作为！与高度敏感者关系亲密的人（尤其是伴侣和小孩）往往发现，只要他们大闹特闹一番，高度敏感者就会受到过度刺激，无力争辩，甚至直接屈服了事。在必须照料或教训孩子时，你不能屈服，所以在带孩子的间隙，要尽可能地休息。

一般来说，除了孩子，你还需要多对其他人说"不"，比如亲朋好友。告诉伴侣你打算这么做，道清原委，让伴侣知道有时他们也会得到一个"不"字。在你的精力见底之际，对待身边那些希望博得你关注的人要态度坚决。请记住：很多人都会向你索取，而只有你自己有资格决定是否给予。他们无从知晓你会为此苦恼，如果他们知道也一定不想为难你。所以你得让他们知道。

对自己说"不"最为困难。你可能很清楚自己的极限，但很难不逞强。你们中的那些高感觉寻求者（HSS）相当熟悉这种拉锯战。就好比"一只脚踩油门，一只脚踩刹车"，因为感觉寻求"系统"和我们所说的敏感系统可以集于一身。追求高感觉的高敏感父母和我们有着同样的问题，但他们更甚——既需要休息，却又想把事情做完或想和孩子一起玩。

说"不"有时意味着对家务睁一只眼闭一只眼，并对内疚说"不"。备下一些速食，哪怕它们没有达到你那严格的营养标准。最要紧的是，**睡眠务必优先于家务和其他事**。有空的时候，不妨考虑对所有事情一律说"不"，只管睡觉。

我知道这些都知易行难，尤其是家里有多个孩子的话。但你的意识状态是你做其他事的基础。神清气爽时，做起事来得心应手。如若不然，便事事不顺。道理就这么简单。

应对过度刺激

你发现自己变得越来越烦躁，濒临崩溃。你需要休息，但求而不得。你不能丢下婴儿不管，也可能必须要照看一群玩耍的孩子，还可能不得不熬夜等着正值青春期的孩子回家，然后和他"好好谈谈"。

这就是为什么你需要一些可靠的帮助，详情稍后再讲。但要是你身边一时没有帮手呢？

犯难时的主意

- 和孩子一起换个地方、换件事做——去另一个房间，驾车出行，离开商店，前往商店，等等。

- 一位育有多个幼儿的母亲建议，**直接抱住他们——既舒适又比听他们说话来得容易**！

- 如果孩子玩得正起劲，就算只有几分钟，你也可以坐下来读会儿书，发发呆。不要立马去做别的事。

- 你大可不认同我的看法，但我赞同高敏感父母偶尔可以让孩子坐下来，看些品质上乘的电视节目和视频，或是玩会儿笔记本电脑，父母则趁机休息一下——最好就近躺下，能看到孩子的身影，听到他们的动静。不管看电视有多少弊端，精疲力竭的高敏感父母同样都会苛待孩子。

- 缓缓地深呼吸。用嘴呼气，加深下一次呼吸。如果愿意，可以想象你正源源不绝地呼出压力。

- 为自己泡杯茶。

- 给自己做个简便的足底按摩。

- 犒劳一下你的感官：闻些好闻的味道，看些悦目的东西，放你喜欢的音乐，吃你喜爱的健康零食，换身舒适的衣服比如睡衣或运动服，等等。

- 有条件的话，找个乐意让你拥抱的人——无论成人还是小孩——抱上整整一分钟。拥抱之所以舒适，是因为它能减少应激激素[4]、缓解疼痛、阻止血压升高、降低生病的可能，还能增加让人心情愉悦的催产素。

- 做做拉伸。弯腰去摸地板，然后慢慢起身，感受脊骨节节舒展。犹如咆哮般张大嘴，然后放松脸部肌肉。要是你会瑜伽，哪怕只会一个姿势，只要当时能够做一做，也会有所帮助。

- 如若必要，去卫生间里避避（只要孩子已到了可以无人看管的年纪）。孩子能理解你。

- 随身带本好书或者在线听书也行，这样可以时不时地读点东西——让你在空闲时，能有所期待。

- 给好友打个电话、发条短信，问候一下。

- 想哭就哭吧。

- 一位母亲建议，想象自己寄身于一个巨大的泡泡或保护球中，当孩子扑向你时（既可以是实指也可以是比喻），他们会被弹开，你敏感的神经系统得以受到保护。

- 和孩子待在同一间房里冥想，被打搅了，也别气馁。向孩子解释你在冥想，"是一种特别的休憩"。这样做有时能迅速让你身边的人平静下来。

- 带孩子外出，特别是去郊外。大自然出奇地能让人静下心来，最起码也能让你换换脑子。你可能应该避免出去办事或去其他过于刺激的地方，那些地方很可能让孩子也受到过度刺激。

- 注意自己是否喝足了水，上一餐或吃零食时是否补充了蛋白质。孩子需要的东西你也同样需要：休息、食物和饮用水。

- 想想短暂休息一到五分钟时你最喜欢做哪些事，把它们写下来。压力大到你想不出来该做什么时，可以参考这份清单。有备无患。

从过度刺激中恢复

恢复就像预防和承受过度刺激一样，依旧要在孩子睡觉或不在家时抓紧时间休息。如果你处于过激状态，来不及处理那些纷繁复杂的育儿问题（包括你和孩子内在与外在的各种问题），那么即便你很困，没准也睡不着。不过没关系。休息可以不拘形式，就算没睡着也行。只要闭上眼睛我们就能得到很大程度的休息，因为80%的刺激源于视觉。

不过要小心经常在深夜醒来，无法再度入睡的情况。那可能是抑郁症或慢性焦虑症的征兆，需要治疗。如果确认自己的症状是不是种"疾病"（障碍），有助于减轻你的焦虑的话，可以上网查一下相应的DSM指标。（"DSM"指的是《精神障碍诊断与统计手册》）。最好能让别人代为查找，向你发问。协助你自检的这个人应该值得信赖，对你很熟悉。他或许和你共同生活，或许与你交往甚密，能够发现你自己未曾注意或逐渐习以为常的行为变化。

但要注意的是，有些"症状"对于高度敏感者来说可能很平常，如爱哭、优柔寡断、受到过度刺激无法集中注意力等。只有你几乎每天大部分时间都会出现相关症状（参见DSM中的症状清单），且抑郁持续两周以上，焦虑持续六个月以上，才须重视抑郁和焦虑的问题。即使你符合这些诊断标准，也要请教一位了解或乐于了解高敏感性的精神科医生。就算不符合诊断标准，你仍有可能深感抑郁或焦虑，为此痛苦不堪，有必要寻求帮助。若非如此，大可先放宽心，找人帮忙带孩子做家务，有偿无偿都好，再看看自己感觉如何。

与此同时，虽然休憩和睡眠必不可少，但有时你需要的是彻底换个环境，哪怕仅是单独出门跑个腿也成。这也是你需要帮助的又一原因。最好去做些与育儿无关的事——无论是新鲜刺激的活动（就算是高度敏感者也可以），还是你一直以来的惯常乐趣。毫无疑问，这样做会带来更多刺激，所以要慎之又慎。你得学会平衡。

正如一位家长所言：

我一直苦于既要尊重自己高度敏感的需求，又渴望取得事业上的成功，还想做个称职而慈爱的父母。我对自己许下的很多自我呵护的承诺，都没有兑现。

若你长期处于过激状态，有时很难停下来休息，恢复生机。你不停地做事，一直空转。确切说来，是靠皮质醇在支撑，分泌皮质醇是为了帮你应对压力，就算你突然停下来休息，它也不会一下子停止分泌。但压力过大最终会掏空你的肾上腺，而皮质醇正是由肾上腺分泌而来。换言之，长期把自己逼得太紧，最终必定会付出代价，所以要谨慎为之。

帮助恢复的建议

- 休息期间，尽量多补充些营养。
- 在家享受"水疗"（父亲也可以这样做）——点上蜡烛，泡个热水澡，放些舒缓的音乐，还可以加些你喜欢的香氛，如薰衣草、雪松、檀香等。
- 水有无穷妙用：饮用、洗澡、漫步湖畔、游泳，乃至仅是倾听流水之音也行。在卧室里放一个小小的流水摆件，可以舒缓心情，阻隔噪声。
- 依据季节，喝点冷饮或热饮，只要你觉得舒服就好。
- 独自享用一餐健康舒心的佳肴。
- 自我按摩。如果你不能出去享受专业按摩，可以自己买些按摩精油或乳液，褪下衣服（如有必要，可以开暖气），点起蜡烛坐在毛巾上，缓缓地按摩你能触及的每个部位。那感觉棒极了！
- 写日记，反思一些育儿问题。还可以画画或写诗，抒发自己的感受。总有一天，你会觉得这一切弥足珍贵。而现在你也可以借此退后一步，看清生活的变化有多快，而你取得了多少了不起的成果。
- 列出你生孩子的原因，再列出你对孩子和伴侣的感激之处。在你最需要想起这些的时候，拿出来看看。

一位家长如是说：

> 时至今日，我避免精疲力竭的最好方法是密切监控自己的精力水平。一旦发现自己有一丝烦躁的迹象，就立马休息。我会屏蔽掉家里的噪声和凌乱，还有那些劝自己"忍耐"的心声。

"灵修"的价值

对处于过激状态的高敏感父母而言，最难做到的或许是放长眼量。你担心孩子能否完成如厕训练。（我向你保证：他们不会到了大学还穿尿布。）你觉得从今往后再无法睡个好觉，拥有一天属于自己的时间。你那正值青春期的孩子总要求在拐角处提前下车，不愿被人看见和你一起。你心知肚明一切迟早会改变，而你总归很庆幸这个孩子出现在了你的生命中。但当我们处于压力或担忧中时，我们看待生活的视角会变得狭隘。唯有安下心来，它才能宽广起来。

我相信，目光长远对高度敏感者来说并非难事。我们惯于思考事情是如何变成现在这样的，今后还可能有什么变化。我认为，这就是为何我们中的大多数人很有灵性，心怀最浩瀚的图景。我们为什么而生？我们为什么而活？在万事万物的背后，是谁或者说是什么创造了我们？我们死后会怎样？这就是我称高度敏感者为"神职顾问"的原因之一。不具备敏感特质的人遇到麻烦，会问计于我们，这些事情他们迄今为止从未深思熟虑过，而我们却一辈子都在思考这些问题。

我第一次采访调查敏感性时，觉得灵性问题可能太私人化了，因而留到最后才问。但四十位受访者都在访谈结束前自己提到了这个问题，其中大多数人有自己的修行之道与灵修方法。

我认为灵修能将你与某些更伟岸的事物联系起来，甚至是你最深层的自我、一切众生、所有造物、无限与永恒、上帝或真主、神性或本源。如今很多人都在寻找属于自己的独一无二的修行之道，就算传统宗教信仰者也概莫能外。而世间所有修行似乎也都殊途同归，即便我们对最终的归属有着不同的叫法。

如果你希望在必要时能随时做到目光高远，就得日日勤修不辍，忙碌的父母也要尽力而为。这是另一种形式的休憩。

我自己的经历如下：

> 儿子出生那年，我们在巴黎念博士后，住在一套两室一厅的公寓里。每天晚上，我准备晚餐时，儿子便开始哭闹，抱着我的腿不放。我把他抱回婴儿床（就搁在厨房里），他便大呼小叫。我丈夫试过把他抱去另一间房安抚，但他只要我。这样一来，我也失去了理智，不是哭就是发脾气，乃至又哭又气。鉴于朋友大力推荐，我们原想在客居巴黎期间学习超验冥想（TM），但因为没钱和要带孩子的缘故，这个计划一拖再拖。然而问题愈发严峻，我们终于下定决心试试超验冥想。我和丈夫第一次轮流在里屋做了二十分钟的晚间冥想——一人冥想时，另一人在厨房轻手轻脚地带孩子——那一整晚都没有发生我和儿子双双崩溃的情况。那种情形再未重演，宛如奇迹。从此，亚瑟和我都开始热衷超验冥想。

只要不刻意用心，冥想就是一种将深度休憩与灵修结合起来的途径。经过比较，在我看来，最平静、最轻松的冥想就是超验冥想，因此它也最契合你的目标。（超验冥想的冥想方法与基督教的正心祈祷非常相似。）超验冥想的学费有点贵，但物有所值。教学相当专业和规范，巨细无遗地指导你练习，让你受用终身。不过，颇具讽刺意味的是，我们需要向一位经验丰富的导师讨教多次，只为学习**不要**刻意用心。借由这一技巧，你可以舒舒服服地坐着，任由思绪信马由缰，甚而逐渐入睡——重点是要明白休息才是做事高效的基础，也是意识进化的基础。不过你可能早已在练习另一种形式的冥想了，这样也很好。

祷告、瑜伽、表达性艺术治疗、漫步自然，或者花点时间做些园艺都算是灵修。只是要尽量多花时间经常练习，定期练习。

自我呵护与高敏感父母的过去

普遍说来，高度敏感者最突出的特点是他们的"差别易感性"。换言之，如果童年幸福，他们会在很多方面都比别人出色。但若童年不幸，他们便更易焦虑、抑郁、羞怯、自卑等。

根据我的经验，差别易感性还会影响自我呵护。如果你童年时期的需求都得到了很好的满足，那么身为高敏感父母，你可能特别擅长照顾自己。如果你自幼备受忽视或侵扰，满足别人的需求多于自己的需求，你可能不太会自我呵护。这样的话，就得特别留心你对自我呵护的态度，如果始终照料不好自己，须寻求专业帮助。（我的另一本书《每个人心中都有一个被低估的自我》或许有所助益，但还是那句话，你现在可能根本无暇再多读一本书。）在网上搜索"Elaine Aron on how to find a therapist"（伊莱恩·阿伦，如何找到合适的心理治疗师），你可以看到我写的一些相关文章，讲解如何寻找优秀的心理治疗师，以及如何与治疗师探讨你的敏感特质。

高敏感父母必须时常确认自己日常的自我呵护，与其他家庭成员的安排是否存在冲突。你如何平衡休息与工作，通常源于你的童年经历。如果你小时候看到父母其中一方总以各种方式使唤另一方，那你必须非常警惕不要重蹈覆辙。如果你处于被使唤的位置，那么为了孩子也为了你自己，你得勇于说出自己的需求。如果你负责赚钱养家，又是家里唯一的高度敏感者，就特别容易成为家中主宰。但不能因为你生性敏感、工作辛苦，就自以为可以理所当然地少参与些家庭生活，不必承担同等的家务。你们必须共同协商。如果你的工作太过繁重，无暇顾家，请认真考虑该如何补救，既顾及你的敏感，也不缺席亦甘亦苦的家庭生活。你可能需要另辟蹊径或暂时放弃一些东西，但这一切都非常值得。

详情参见第三章。

结语

高度敏感者与生俱来的唯一问题就是易受过度刺激。如果你发现自己总是疲惫不堪,你完全有能力改善这种状况——也必须改善。等你什么时候休息好了,趁着思维清晰,仔细审视一下自己的生活。你怎么去改善它?改善饮食?削减其他开支,留笔预算请个帮手?放弃某些东西?回想一下,你以前放弃的那些东西,真的到现在还念念不忘吗?生活中多了为人父母的角色,或许是时候卸下一些别的东西了。

寻求帮助

是的，你真的需要帮助

高度敏感者只有学会避免和应对过度刺激，以及从过度刺激中恢复，才有办法做好**每一件事**。每位高敏感父母（没准也有极少数例外）都需要一些帮助。如果家里的事都有人帮忙，孩子进进出出都有人照料，那你尽可跳过这一章。不过，如果因为别的父母都不太乃至完全不需要别人帮忙，或是请人帮忙的费用挤占了家人的其他开销，使得你对接受帮助于心有愧，请看完下面的内容。

孩子大点之后，第一个帮助来源是外面的托育服务。你能否找到托育服务、价格是高是低、孩子多大可以托育，都取决于你所在的国家。一些国家，譬如位于斯堪的纳维亚半岛上的诸国，早在孩子九个月大时，就开始提供免费看护服务。其他国家的政府，如美国、加拿大（魁北克省除外）和英国，目前主要将儿童看护的费用交由父母自行承担。还有一些国家，如意大利，年轻夫妇更可能让大家族中的其他亲属帮忙照看孩子。因而阅读时，你可能需要根据你的具体情况调整我的建议。

无论外面的托育服务是否成熟，你都还要面临请个人来家里帮忙的问题，不光是为照顾婴儿，往后也可能需要。

你需要帮助，不仅仅是因为高敏感父母"保养成本高"。高敏感父母确实需要满足更多需求，才能发挥他们特殊的育儿能力。

应对内疚和比较

你可能遇到一些父母，不仅成日在家照料婴幼儿，似是还能乐此不疲地独自包揽所有家务。还有的父母白天工作，将孩子送往托育机构或学校，回家后再自己带孩子、操持家务，身负三重重担，却似乎游刃有余。他们仿佛精力旺盛。当然，他们可能有伴侣帮忙，但或许你也一样。他们的业余时间甚至可能一直在家办公，同时还能腾出一只眼睛来盯着孩子，而你只能全心全意地看孩子，还需要休息。有些人全力以赴地拼事业——与此同时似乎还是无可挑剔的父母。他们属于那另外的80%。

你不一样。我知道你很难向别人解释这一点，尤其是向伴侣或其他家长解释，更何况你可能还发现哪怕孩子每周大半时间都送去托育了，你请人上门帮忙的时间依旧长达四十工时。而家里仍有那么多家务、杂事、采买和饭菜要做。再者，你还需要时间休息。或许，你甚至都很难向自己解释这些需求。你似乎太惯着自己了，而且花销不菲，特别是政府不会补助或负担儿童看护服务的话。但你在说服旁人之前，得先让自己相信你确实需要这些帮助。所以，不妨换个角度看问题——也许最重要的是，在孩子生命之初就让一切步上正轨。诚如一位家长所言：

简而言之就是，带孩子实在太辛苦了。

在此简述一个故事：

弗兰觉得自己快疯了，她知道自己需要帮助。她雇了一个家政，负责打扫、洗衣、做饭，好让她在孩子上学期间好好休息。但她跟那些不太敏感的朋友说起此事时，她们无不诧异。就算是一个人带着三四个小孩的全职妈妈，家中大小事她们也全都亲力亲为。弗兰不由感到孤独、内疚，被朋友另眼相看。她那位同样高度敏感的丈夫不得不然费苦心地说服她，他们请人帮忙不仅重要，而且必要。

需要帮助，就是需要帮助，并不代表你是个没能力、不称职的父母。

整天独自照料婴幼儿存在的问题

鲜有父母能生龙活虎地整天独自在家照料婴幼儿，更别说同时照料两三个了。不错，有些人生来就有这方面的天赋，他们往往以此为职。万幸还有他们在，谢天谢地。不过，别拿自己和他们比较，也别和那些渴望成为（或者状似）"超级妈妈""超级爸爸"的人比。

无论是否高度敏感，任何人在社交孤立的情况下都会变得一塌糊涂。和幼儿朝夕相处并非彻底的社交孤立，但相比成人间的互动，这样的社交毕竟有限，哪怕对孩子的成长发育来说意义非凡。人类天生会比绝大多数动物更深入地处理信息，高度敏感者尤甚。处理太多信息，我们会不堪重负，但若没什么信息可处理，我们同样很难受——我们的能力缺乏用武之地。

事实上，我们人类和其他社会性动物如果被单独关起来，迟早会发疯，这就是为何单独监禁算是一种酷刑。我认为社交（以及其他刺激）犹如食物，我们每天都需要摄入一些。有时我们可以禁食一天，有时我们可以靠零食"敷衍"一下，但大多数时候，我们需要规规矩矩地吃正餐。有时你渴望和另一个人共享一段高质量的相处时光，尤其是你性格内向的话。如果你比较外向，就会想要呼朋唤友好好聚聚。

与幼儿相处，或可比拟为非常单一的社交节食。幼儿才刚刚开始进食，非常喜欢这种单一的饮食，但父母却很难长此以往。事实上，我们知道就算是幼儿也需要学着吃些"社交"新菜——等他们准备好了，就要开始接触没有血缘的外人。

无人帮忙并非常态

你可能也知道，大约直至20世纪中叶，由父母一方独自抚养孩子才开始常见起来，而且仅出现于某些工业化社会中。在此之前，孩子均由多人抚养——不仅夫妇二人通力协作，大家庭中的妇女在为整个家族打理日常事务时会将所有孩子带在身边，让大的照顾小的。居住在同一个社区里的父母，当孩子们在外嬉戏时，也会相互照看彼此的孩子，不会只围着自己的孩子打转。

摒弃旧有育儿方式后，我们遇到了新问题，独自在家的全职父母不仅要全权带孩子，还要操持家务。那些帮我们省时省力的科技产品，并不会让待办清单变短——只会越变越烦琐。于是独自在家的全职父母面临的另一个问题是，孩子睡觉时他们不会趁此机会也打个盹，而是往往去做些需要高度集中注意力的家务，譬如网上采购。等孩子睡醒了，满屋子乱跑，需要有人看着时，全职父母又还有别的事要做，譬如接待上门维修人员。这种多重任务对高度敏感者来说尤其困难。我相熟的一个家庭有能力聘请很多帮手，从未有谁必须独自在家照料非常年幼的孩子。诚如他们中的一人所言，在他们看来，"家里似乎不能不同时留有两个人。婴幼儿需要随时有人看着，一个人顾不过来"。

我的亲身经历如下：

我很幸运，儿子还小的时候，丈夫亚瑟几乎总是在家陪我，两人一起带孩子。但有一段时间，我们和朋友一起住在加拿大温哥华，他在那儿做研究。其他人成天都不在家。我没有车，还时值温哥华阴暗沉闷的冬天。当时我尚不知道自己高度敏感，但我知道整日一个人在家带孩子快把我逼疯了。我们的孩子一岁半了，虽然会走路，但许多时候仍需要人抱，他时刻盯着我的一举一动，但不会说话。他不睡我就别想睡，而他打盹的时间越来越短了。我真的很需要一些自己的时间。

亚瑟无比同情我，他想出了一个小而精的法子，现在看来真是又尴尬又好笑。我把所有玩具都拿到厨房，然后趁儿子不注意，爬到冰箱上面去。只要他看不见我这个最为万能的玩具，就能自个儿开开心心地玩上一个多小时。我则在冰箱上，拿出日记本写写画画，愉快地在自己的世界中沉浸一会儿。等他终于感到无聊或不安时，我会立刻爬下去。我并不经常这样做，所以我想他始终没发现我的藏身之处。当然，此举并未解决我很孤独的这个大问题。但凡有室友回来，我都高兴得不得了！

如果你不得不暂时独自留守家中，就得和白天出门在外的家人好好沟通。他们回家后，独自在家的父母不仅需要他们帮忙准备晚饭、哄孩子睡觉，还需要成人间的交流陪伴。

你能在多大程度上忍受独自在家带孩子，同样取决于你的性格，还有孩子的性情和年龄。或许你们中的一部分人可以胜任，但大部分人很难做好。请不要为此苛责自己。想想看，你在如鱼得水的环境中是何等能干，譬如你休息好了与孩子相处的时候。最重要的是，无论你的环境、性格和能力如何，它们都是你身上独一无二之处。

当然，有一个解决办法是只要觉得孩子准备好了，就尽早送去托育，哪怕你并不打算重新出去工作。但有些高敏感父母会为此心生愧疚，觉得未免为时过早或者托管时间太长。毋庸置疑，你觉得怎样对你和孩子最有利就该怎样做，但请记住，孩子到了一定年龄最好能托育一段时间，适应与同龄人相处，逐步为日后上幼儿园做好准备。多数孩子不愿与父母分离，这对你来说可能也并非易事，但多数孩子最终会在托育机构度过一段愉快的时光。

托育也并非就能高枕无忧。你需要选择合适的托育机构（如果有得选的话），与那里的工作人员打交道。如果孩子的性情比较与众不同，有些机构会顾及个体差异，有些则不然。如果他们不会这么做，你最终可能以为是你或你的育儿方式出了问题，因为孩子无法适应那里。不过，争取一些属于你自己的时间还是很重要的，所以如若可以，尽量和保育员处好关系。（我们将在本章最后再来探讨，如何选择托育机构和学前班。）与此同时，你仍需要面对一个现实，尽管孩子白天大部分时间送去托育了，你可能还是需要请人来家里帮忙，哪怕只是来做下扫除、洗个衣服。

请人上门帮忙

我们会分析多种情况，先说些一般性的建议，然后再根据你孩子的年龄提供些具体选择。我们探讨的不仅局限于雇人帮忙，还会讲到哪怕你请不起人，也要另想办法寻求帮助。

一般性建议

首先，我们得承认请人上门帮忙存在弊端。我想对于高敏感父母而言，要让别人打理自己的房子、照顾自己的小孩并不容易。这个人必须是个合适的人选，这就意味着我们得做出决定、接受不确定性，以及担心如果对方做得不好，不得不撕破脸让他走人。再者，你请的人会出入你家，有些人觉得不自在。而且，要是你得单独和对方一起留在家中，还得搞好关系才行。

就算如此，你**仍然**需要有人帮忙。决定请什么人、何时请人都需要时间考虑，你必须学着接受不确定性，直到得出明确的答案。务必制定一个退出策略，比如正式雇用前先试用一段时间。

最要紧的是，不要与雇工成为朋友，尤其是别一上来就亲如朋友。"友好但不是朋友"，这样的关系才能让你在心有不满或雇佣关系走到尽头时，更容易把话挑明。特别是，千万不要介入对方的私生活。如果对方有意倾诉，你可以饶有兴趣地暂且听听，但同时用你的肢体语言表明你还有事要忙。跟对方说清楚，你雇他来不是为了倾听他的烦恼，更别提给他出谋划策或雪中送炭了。其他情况下则要慷慨大方，比如对方在假日来上班或者提供了额外服务，要给些奖金。

与此同时，如果你喜欢你家的雇工且经济宽裕的话，可以尽量多给些报酬。四处打听一下现在请人的市价是多少，有条件可以在此基础上多给一点。要留住合适的人选，得让对方知道你看好他。此外，如果孩子到了一定年龄，你不打算再请人，要清晰明确地告知对方。届时，可以协助对方另找一份工作，答应为他大力推荐。友好，但不是朋友。

在父母双方都要上班的情况下请人顾家

本章大部分内容讲的是独自在家养育一个或多个孩子的全职父母该如何寻求帮助，但许多人要么很想回去工作，要么不得不全职工作，又当如何呢？你需要有人在你上班时照料孩子，无论是雇人上门，还是送去托育。对于高敏感父母来说，即便送去托育，你最该考虑的问题仍是如果家里无人帮忙操持家务，你就根本没时间休息，只能一下班就开始带孩子、做家事，毫无喘息之机。哪怕请人帮忙会让你每月到手的工资越发稀少，这笔钱也不得不花。想想看，你回家时，家里窗明几净，衣服洗净叠好，没准还有热腾腾的饭菜等着你。你可以先花几分钟时间独处，然后再和孩子度过一段美好的亲子时光。如果你不是一个人生活的话，接下来就该和伴侣享受二人世界了。因此，除了白天有人在家帮忙外，你还需要一个能在晚上或周末偶尔来上工的帮手。

顺带一提，如果你有工作，哪怕是份兼职，你可能会因无法单独在家陪孩子而倍感难过和内疚。不要美化待在家里的生活。与孩子暂时分开是好事。事实上，分离的时间似是能增加你与孩子相处时的乐趣。[1]

在父母双方都要上班的情况下，得确保两人的工作压力都不是很大，通勤时间不长，工作时间也不会太久。如若必要，可以考虑适度降低生活水平，换个工作或减少工作时长。但底线是家里仍需有人帮忙。

请不起人时如何获得居家帮助

如果你雇不起帮手，身边也无人可托，不要绝望。利用你的敏感，发挥创造力。

首先，祖父祖母、叔叔婶婶有没有可以帮得上忙的？没有小孩的亲戚（特别是家里的叔叔婶婶，乃至兄弟姊妹）可能很乐意偶尔照料一下和自己有血缘关系的小孩。（在社会性动物中，由亲戚负责带小孩很常见，父母好趁机出去捕猎、觅食等。这不正是你需要的吗？！）他们可能就等着你开口呢。当然，要是他们从未做过父母的话，情况可能很是微妙，所以你要考虑清楚。你需要的是愿意学习的看护人。

生养过孩子的亲戚可能更难教。每一代人养育子女的方式都不尽相同。刚当上祖母时，我迫不及待地观看了哈维·卡普（Harvey Karp）博士的视频《卡普新生儿安抚法》（Happiest Baby on the Block），里面提到的安抚婴儿哭闹的办法，我全是首次听闻。不过我儿子也半开玩笑地跟我说过，在我看完视频以前，他们是不会让我经常抱孙子的。说得在理。

但愿你的父母或其他亲戚愿意学习。也或许你对他们的帮助感激不已，并不计较个中瑕疵。

格雷格告诉我们，他儿子还在襁褓中时，他的父母不惜从别的州搬来就近安居，帮助他的妻子带孩子，他欣喜不已。不过，二老也带来了一个问题：他俩都抽烟。他很难劝说母亲去室外抽烟。她辩称，以前她也当着他的面抽烟，他还不是好好长大成人了。格雷格委婉地给她看了一些有关二手烟危害的研究，他小的时候这些研究还不怎么为人所知。他母亲后来改正了吗？格雷格没有说。

罗莉也讲述了类似经历：

我妈主动提出要辞掉她的第二份工作，帮我带孩子，但她要抽烟。经过多次争论，我最终接受了这个抽烟的外婆。她向我保证，只会在室外抽烟。而当我发现她在家抽烟时，她说："别担心，我吐烟都对着窗外呢，没事的。"每次我打电话回家询问情况，我妈都很生气地说："你觉得我照顾不了你的孩子吗？！都好着呢！"

差不多八年后，我女儿出生了，情况与之前天差地别。我父亲再婚了，他的妻子很爱小孩。我的继母说乐意帮我带孩子。我有些内疚没选我母亲，而选择了她，但她真是太棒了。

其次，如果你认为你别无选择，只能雇人，但又觉得自己无力负担，**请务必**再重新考虑一下。即便每周只请几个小时的儿童看护或家政服务，也能为你腾出必要的休息时间，助你成为最好的父母。

再次，不妨利用本地的公共育儿资源。尽管和其他父母一起去看看，没准那儿也有托儿服务能帮上你大忙，还能让你碰到一些处境相当却已得到帮助的人。现在可不是害羞的时候！

许多国家都设有24小时的"求助热线"，也许能替你找到你需要的帮助，尤其你听起来万分绝望的话（你极有可能正是如此）。如果你觉得整天独自在家带孩子或是下班后还要带孩子很吃不消，请直言不讳。政府或非营利组织也许能为你提供帮助。

最后，网络上也有很多主意。Frugal Mama网站（frugal-mama.com）上就有一些。你们当地的线上父母交流群或许也能为你出谋划策。

为走出家门而出去工作

如果你请不起人，独自在家带孩子又让你日益消沉，可以索性出去找份工作，全职兼职皆可。这样你就有钱请人来家里帮忙，负担你此前无法负担的看护费。许多为此出去工作的高敏感父母表示，尽管他们到手的工资只够支付请人的费用，但他们并不介意。他们之所以出去工作是为了摆脱家里的混乱，有机会与其他成人交流育儿以外的事（这两点对高度敏感者来说非常重要），而且还能换个身份，不再只做个全职父母。如果这些正合你意，出去工作或许是个不错的选择。这么做能让你心情愉悦地陪伴孩子的话，减少和他们相处的时间，可能更利于他们的成长。

当然，如果你下班回家只觉得疲惫不堪，那么工作无疑雪上加霜。择业时注意不要选择压力大、差事苦、工时长和社交环境恶劣的工作。要是能与人通话或视频交流，那么在家工作可能更好一些。但当孩子也在家时，你还是需要有人帮忙，才能专心工作，并得空休息。工作之外的闲暇时间，你自然希望放在孩子身上，那就彻底放下工作，一心一意地陪伴孩子。不过，还请务必当心网上那些"在家工作"的骗局。有条件的话，可以拜托朋友或是以前就职的公司推荐份工作。

再论你为何需要帮助，而且还可能需要另一种帮助

在第一章中，我介绍了一项研究，该研究发现相比理想的权威型教养方式，高敏感父母普遍更经常采用专断（严厉）或过于放任的教养方式。研究人员认为，他们可能常常用这两种方式应对不堪重负的过激状态。在我看来，这项研究表明寻求帮助才是当务之急。说白了就是："要么找人帮忙，要么一直这样失控，给孩子造成伤害。"

我曾跟那些犹豫要不要花钱请人的父母开玩笑说："拿出你存着供他上大学的钱。现在正是用在刀刃上。他今后能否考上大学或是在其他方面有所作为，都在很大程度上要看你现在如何养育他。"我可能还会补充一句："鉴于他和你

一样高度敏感，就更是如此了。"（或是提及孩子其他如果处理不好就会很棘手的性格特点。）最后我总结道："你会如何养育他取决于你能否好好休息，而你能否好好休息取决于你得到了多少帮助。所以，掏钱吧。"

我还会再多劝一句："你的敏感性很有优势，他最终多半成长得很出色。但也要为你自己着想——花钱请个人，这样等到他大学毕业时你才能身心健全，没被逼疯。"

我猜你们中的许多人没有得到足够的帮助，不堪重负，所以常常陷入或严厉或放任的教养方式之中。你这么做是为了避免彻底"失控"，我相信你之前就已经失控过。尤其是你觉得自己为人父母很失败，**经常当着孩子的面**发火或崩溃的话，那你还需要另一种帮助。你需要在被压垮前，就学着采取更好的应对方法。

有个简单的窍门就是暂停一下，先暂且想些愉快的事，然后构想一下长远的将来，以及为了实现你理想的将来现在该怎么做——如果你还能再坚持一会儿的话。记住这个愉快的构想。

为了熟练掌握这种暂停的技巧，你可以全天候地练习，只要想起了就多练练，哪怕你尚未觉得不堪重负。也许在暂停的时候，你会发现自己其实正在逐渐"失控"，进而及时改善现状，避免失控。你需要的可能只是一点自我呵护，最终孩子也会跟着受益。我知道，这些都知易行难。

你该如何应对孩子闹脾气、举止叛逆、不听话、撒谎、抱怨连天、提出无理要求等一系列害你无法冷静的行为？数不清的专家[2]为此著书立学，在网上写博客、录教程，提供相关咨询，教你保持冷静，使用有效的应对技巧。他们委实为数众多，令人无从推荐。但你可以好好利用这些专家，择善而从。考察他们的资质，了解一下他们的文章或演讲。你的直觉会告诉你，他们能否帮到你。

很多专家也提供一对一咨询，可当面或电话咨询。我的网站上也列有几位专家，还有其他资源供高敏感父母参考。[譬如，我列出了艾丽丝·香农（Alice

Shannon）的博客"顺应性格"（On Listening to Temperament），她在博客上专门发表了几篇文章，为高敏感父母提供育儿建议。] 与你的"育儿咨询师"搞好关系，这样他才能深入了解你和你的小孩。日后但凡你遇到特殊问题，需要有人指点，或是孩子进入了新的成长阶段，都可以及时打电话求助。

尤其要了解孩子的性情——不仅要弄清孩子是否高度敏感，还要了解专家所说的九种特质，具体请参看玛丽·库尔钦卡（Mary Kurchinka）的经典著作《家有性情儿》（*Raising Your Spirited Child*）。[3] 这些专家会告诉你，有些孩子就是比较难养（虽然库尔钦卡准确地从积极的角度阐述了这一点）。如果你有一个这样的孩子，大可不必为自己的"失控"倍感愧疚。然而，你所面临的任务更加艰巨。养育这类孩子特别讲究技巧。但即便你的孩子很好带，了解他的特殊性情（如高度活跃、适应缓慢、容易分心、情绪化），也能帮你绕过一些难关。

关键是有些技巧单靠你自己是想不出来的。我可以告诉你，我带孩子的时候还没有这些办法，否则我本可以省很多事。你以前从没用过这些技巧，也没关系。不要觉得"完了，我之前做错了那么多事"。现在从头学习，学以致用就好，这样你就能按你希望的方式养育孩子。新学的技巧，要多练练才会纯熟。**有所失误不必内疚**。你会愈发游刃有余，因为你会觉得自己更称职了，不那么容易崩溃了。

在孩子童年的各个阶段寻求帮助

请注意我说的是**各个阶段**，每个阶段需求各异。

在婴儿期寻求帮助

似乎人人都知道，母亲——还有父亲——需要有人帮忙照看新生儿。这个传统由来已久。如果亲戚帮不上忙，伴侣又要上班请不到产假或陪产假，你就得另寻帮手。提前雇好人很有必要，如此一来你请的人就能及时到岗。身为高敏感父母，你很难一面照料新生儿，一面操心请人的事。

鉴于你们大多数人已经有孩子了，在此我就不比较高敏感父母聘请催产师、助产士和护理师等人的优劣了。这些人大部分持有专业机构的认证。你所在地区或许还有很多其他种类的帮手，并非所有得力帮手都有相关认证。经验丰富的保姆可能同样优秀，没准还更便宜，能在家待得更久。可以向他们之前的雇主寻求推荐。最好是拜托你相熟的其他家长转介一位。

如果你刚有了小婴儿，是新手父母，聘请一位育儿经验丰富或受过专职培训的行家会很有帮助。但即便你真是个毫无经验的新手父母，也一定不希望最终觉得自己很多余。一切依然是你说了算。假如你读到一种新的育儿方法，比如该在什么时候让婴儿开始进食，你请的看护就必须配合你，哪怕他们也是头次听说这种方法。高敏感父母通常有很强的直觉，爱钻研些鲜为人知的问题，你很可能是对的，尤其是针对你自己的孩子。

归根结底，无论采取何种持家之道，那都是**你的家**。有建议可参考固然是好事，但若不适合你，就要清楚地告知对方："这主意听起来不错，但不适合我。"另外，还请记住，你**没必要**解释。

为较大的婴幼儿聘请帮手

如大多数人所知，幼儿和婴儿一样难带，只是方式不同。好在幼儿能让你有机会外出，可以与你认识的其他家长聚聚。有些人等孩子到了这个年纪就会重返职场。不过，聘请家政服务可能更加必要了，因为幼儿更需要你看着，如不请人，你就得自己操持家务，或牺牲掉休息时间。

如果家中幼儿活泼好动、比较难带，就算你白天送去托育，家中可能也还是需要再请个看护。你请的看护务必要了解这个年龄段孩子的成长规律。缺乏经验的看护可能会把成人的动机投射到哭闹的幼儿身上，以为孩子控制欲强或者不喜欢他们。

你还是觉得自己请不起人吗？发挥你的创造力吧。有时全职父母或在外兼职的父母可以轮替着照看幼儿，留一个成人在家看孩子，不仅是自家的孩子，再带上一两个别人家的小孩，好让其余几位家长有时间外出或者工作，然后再互换角色。

不过，身为高度敏感者，有几件事你需要注意。首先，轮到你带孩子时，哪怕一次只带两个孩子，对你来说可能仍然太过刺激，所以刚开始时有必要试行一段时期。

其次，哪怕家里只是多了一个孩子，也会让你们全家接触更多细菌，给你带来更多工作，因此，你也就更容易觉得精疲力竭，却又无暇休息。

再次，通常你会与邻居或朋友建立起这种互帮互助的关系，但要警惕一些潜在的矛盾，比如应该允许孩子看多久电视。

或者，你还可以找一群你信任的父母，一起尝试一种更灵活的看护合作。每个人都可以通过照看别人的孩子获得相应的"保姆积分"，然后在需要的时候使用这些积分。

不过，你必须确保轮到你看孩子时，能照看好他们。这可能取决于这些孩子中有多少孩子性格"温和"、每个孩子的年龄和整体的年龄段、家中的育儿资源以及是在你家还是别人家。

还有一种选择是"共享保姆"，你可以上网了解一下。采用这种方法，家长不必一次照顾很多孩子累得够呛，而两个或两个以上的家庭也有能力共同聘请一位更具资质的保姆。这么做的缺点在于，与一位或多位其他家长及保姆一起带孩子，保姆或许会与其他家庭产生矛盾，需要你居中调解。还有就是一如大家轮流在家带孩子，你与别的家庭可能会在育儿方式上产生分歧——譬如，孩子刚开始进食时该给他们吃什么，吃多少。（你总不至于指望保姆给每个孩子吃不同的食物吧。）你们还得共同商定保姆要做哪些家务。只是要记住，保姆要照顾的婴幼儿不止一个，做不了多少家务。

高敏感父母选择托育机构或学前班的窍门

等孩子到了一定年纪，如果你还没做出调整的话，可以少叫些上门服务，转而多依赖外面的帮助。如果你的小孩之前完全是在家里照料，等他到了年纪，你无疑想送他去学前班（即有课程安排的托儿所）。那儿会有更多的小朋友、更多的活动安排、更多的刺激，需要一段时间适应。刚开始时，你新获得的空闲时间里可能充满对孩子的担忧，担心他表现得如何。

再者，就像选择请何人上门来帮忙一样，你也将面临选择合适的学前班的问题（如果你有得选的话——记住，离家近可能最要紧）。这取决于很多变量，但对你来说，问题只在于——顾虑太多。你要有心理准备，自己可能会选错，今后要为孩子转校。如果真出现类似问题，切莫苛责自己。（下一章将探讨高敏感父母做这类决定时，面临的一些可以理解的困难。）

重要的是尽量留足时间，这样你可选的地方就会比较多，还可以参考其他家长的建议，摸清那里的情况：

- 请教其他欲将孩子送来这里或者已经送来这里的家长。上网找找你所在社区妈妈们的脸书群或聊天室，你想选择的托儿所或学前班她们都亲身体验过。有些妈妈可能还做过细致的调查，尽管你们看重的因素或许不尽相同，一如这位家长的经历：

> 有位邻居针对每所学校的情况列了个详细的表格，他不喜欢我们送孩子去的那个地方。因为他们在后院放养宠物兔，草地上满是没有清理的兔子粪便。我当然重视孩子的安全，但那里给我的印象和感觉都很不错。

> 扼要言之：有些人可能喜欢用表格罗列细节，再三比较做出决定，

但另一些人更喜欢靠直觉。

- 可以考虑选择一所孩子与看护者比例得当的小规模托儿所或学前班。

- 了解这里是否经常需要家长参与活动。依据你的性格是外向还是内向，你可能喜欢多参与一些或是少掺和一点，看看这里的安排是否合你秉性。特别是你还有另一个小孩的话，就不会愿意出席许多活动或是应付许多人。

- 查明看护人员或教师的学历背景和任职经历。以免日后失望，不得不给孩子转校。无论他们是何学历，这类从业者都应该为人热情、待人亲切，相处起来很舒服，还有最要紧的，在意你的孩子。

- 考虑你接送孩子的路程远近。步行能到的话最理想。一位家长发现，步行能让孩子更顺利地适应从家到学校的转变：

> 我们找了个离家不太远的托儿所，因为我家孩子高度敏感，坐车往返他觉得很累。我们可以步行过去，置身户外能让高敏感儿童平静下来。再者，步行也让从家到学校的转变过渡得更加自然。我开车送他去托儿所的日子，他总是比较难以适应这种转变。

- 即便你的孩子并非高度敏感，也要注意找一家没有小孩四处乱跑乱叫的托儿所。教职人员能否巧妙地处理孩子之间的矛盾？那儿有没有不错的户外活动场地？孩子回到你身边时会表现出托育环境的影响，你肯定希望尽可能地将孩子培养得性情平和，以适应你所需要的安静的居家环境。

- 总之，要找一个适合孩子性格的地方。如果你的孩子性格与众不同，比如高度敏感、高度活跃、适应缓慢或"情绪化"，请确认一下教职人员是否能理解性格之间的殊异。鉴于人们并不太了解高敏感性，你不必使用这些术语。但你可以从DOES这四个方面，分别讲一讲孩子对事物的反应。研究表明，敏感儿童比其他孩子更易受到托育环境的影响。[4]他们在好的环境中比其他孩子成长得更苗壮，在差的环境中也比其他孩子更受折磨。所以如你所料，这的确是个重大的决定，但你的选择不至于真的一塌糊涂。

一位高敏感母亲讲述了她如何根据儿子的性格选择托儿所：

> 瑞典很多人并不清楚高度敏感这回事，常误以为是什么疾病，譬如ADHD（注意缺陷与多动障碍）。我不希望引发这样的误会。与教职人员谈到我儿子时，我详细解释了高敏感儿童的情况。我发现我把非敏感小鹿与高敏感小鹿的例子讲给他们听后，他们更理解我儿子了（非敏感小鹿会愉快地一头扎进林地里吃草，高敏感小鹿则会先等一等看看是否安全）。我明确告诉他们这绝不是害羞的缘故。我还说到了他情绪反应强烈以及容易疲惫。如果教职人员看起来难以理解这些关键因素，那这个托儿所就不适合我们。

家有学龄儿童如何寻求帮助

到了这个年龄段，孩子在校的时间比较多，所以你主要需要帮忙的地方是在家里，也可能需要有人开车接送孩子。如果你平时要上班或者决定重新出去工作，在你下班去接孩子以前，你需要有个能照顾孩子的学校或者其他看护场所。另一个需要考虑的因素，依旧是学校的远近和上学的交通问题。你开车去学校的次数绝对比你想象的多。公立学校往往离家最近。

有些家长会比较私立学校、公立学校和在家教育。这个决定就更复杂了！在家教育可能别具吸引力——这也意味着你依旧需要请人来家里帮忙。不过高敏感父母请记住，虽然你像他这么大时在学校里或放学后可能并未得到你需要的保护和监管，但你要考虑你的孩子是否也和你有同样的需要，或许他并不高度敏感。注意这一点对你的决定的影响，如果你忙于工作的话，将较为坚强的小孩交给不错的学校照顾或放学后请人长时间地代为看护都没问题。

另一个决定这一时期你需要多少帮助的因素是，孩子课余和周末要参与多少活动。为此经常需要用车和面对大量刺激，譬如孩子训练期间你得和其他家长待在一块。如果你平时要上班，那么像足球比赛这样的活动还会占据你大部分周末时光，而此时正是你最该休息的时候。所以在决定请人时，你要考虑是否需要一个司机接送孩子参加部分活动，甚而在场陪同，满足孩子被关注、被赞赏的需求。留心观察孩子参与课外活动时，什么时候需要你陪伴，什么时候可去可不去。记住，你越少出席这些活动，就越容易错过与其他家长打交道的机会，这对你来说可能也很重要。所以要平衡你在场与不在场的时间，或许可以像这样稍做解释：在活动中途表示，"接下来的训练我就不看了，我去车上等——我想休息一会儿"。我想每个做父母的都能理解，哪怕你比他们更常溜号。

家有青少年如何寻求帮助

及至这一阶段，但愿你家的青少年已经能承担些家务了，也能让人放心地独自在家，或是和其他人一起出去玩，而你只需远程监控就好。因此，你可能不再需要那么多帮助，也更有财力聘请需要的雇工。你现在最需要的可能是有人负责接送他，在他回家后陪着他，或是做些其他你顾不过来的事。请的人必须得与你家的青少年合得来，对青春期的孩子有所了解。

结　语

你可能比其他家长更需要请人帮忙照看孩子，除了内疚与经济上的负担外，强烈的同理心与责任感也可能对你造成影响。回想一下第一章提到的：当你发挥同理心时，大脑中的特定区域会比其他人更活跃，让你感觉这些事仿佛发生在自己身上。第二章里也说过，相比其他父母，高敏感父母往往更认同以下表述："当孩子取得巨大成功或备受挫折时，我感同身受。"

　　富有同理心有利于育儿，但当你把孩子送去托儿所、学前班乃至学校时，它会让你五味杂陈。如果将孩子送过去时，他总是吵闹、抱怨，你需要深入挖掘原因。也许你可以花点时间，在他看不到的地方悄悄观察一阵，看他在那儿是否真的开心，如果不是，问题出在哪儿。如果你以前在这个年纪，很难适应托育和在校生活，或者根本就离不开父母，那么当你和孩子忍痛分离时，请注意不要把这些想法投射到孩子身上。否则可能影响你休息，也会让孩子错失和其他小孩相处的有益经历。

　　请人上门帮忙，你也可能出现同理心泛滥的问题。你可能同情孩子被留在一个"陌生人"身边。也许，你又会想起自己小时候和保姆在一起的感受，并将此投射到当下这个并不相同的情境上。有的孩子看到保姆来了会不高兴，希望你带他走，别撇下他，但其实你真的走了，他又很开心换了个人陪伴。不过，一定要留心别人对你请的人的正当控诉或是他不负责任的一些迹象，比如你要求对方收拾房间，回家后却还是一团乱。

　　你没准也会同情你的雇工，对方或许比你拮据，还可能因为不得不出门工作，只得硬起心肠撇下自己的孩子不管。总而言之，你要尽量减少这些负面体验，不要背负太多，也不要想象一些子虚乌有的事。

　　你必须实事求是地获得你所需的帮助，不管是在家里还是外面。世事难料，你必须照顾好自己，才能成为你理想中的那种父母。记住飞机上的忠告：在帮助孩子前，请先戴好自己的氧气面罩。

第四章

深度处理

做决定，小到选购健康的面包，大到确立你的人生目标

恰如一位高敏感家长所言：

> 每天要做的选择让我完全不知所措，那些决定卡得我动弹不得。

高度敏感者与生俱来的唯一问题是易受过度刺激。譬如，想象一下超市里那些让人眼花缭乱的选择与感觉刺激。对于高敏感父母来说，还得再加上一两个孩子所带来的刺激。而我们对深度处理的强烈偏好，还对我们别有要求。

另一位高敏感家长表示：

> 我似乎比我那些非高敏感的亲朋好友，更难适应父母的角色。我好像总需要从头至尾地反思我的经历。

如果不得不做决定，我们宁愿深思熟虑，但这需要时间。1993年，心理学家帕特森（Patterson）与纽曼（Newman）开展了几项研究，观察到了任务失败

时的两种不同反应。[1]第一种是立马再试一次，另一种是花点时间反思后再试。采取第二种策略的当然是高度敏感者（虽然1993年使用的不是这个术语）。

这个策略很好，只是很耗精力。在2018年发表的一项选择研究中，凯瑟琳·福斯（Kathleen Vohs）和团队中的另外五名研究者让研究对象做选择（例如，从大批商品或大学课程中选出自己想要的）。[2]对照组只需给这些选项评分。在做出选择或给选项评分后，被试会接到各式各样的任务。结果发现，需要做选择的那组在所有任务中的表现都更糟糕（还在"重要"的数学考试前夕陷入拖延）。做选择耗尽了他们的精力，让他们无法完成其他任务，包括简单的自控。

做决定更非易事。例如，上面提到的福斯团队在研究选择的过程中发现，1976年的美国超市提供近九千种不同商品。及至2014年他们写这篇文章时，每家超市平均有四万种商品。差不多是之前的六倍！我相信现在的育儿抉择起码也翻了好几倍了。在回顾研究选择的相关文献时，几位作者提到之前的众多研究表明，超过一定程度后，选择越多，越会让那些不得不做出选择的人对选择的过程感到不悦。高敏感父母尤其如此，根据我们的研究，高度敏感者经常报告称："育儿抉择快把我逼疯了！"

譬如，该买哪种纸尿裤？虽是个微不足道的决定，可一旦选错，还是会导致实际后果。你的精力要么是浪费了，要么是省下了。为家人挑选食物也是一样——看起来是件小事，但日积月累也很麻烦。你的孩子自行结交的朋友都是好孩子，还是你应该干涉一下才好？还有择校问题——学校的优劣很多时候取决于你所居住的地区。那么你要不要搬家？这无疑很难抉择。

别忘了，我们的深度处理能力与强烈的情绪反应息息相关。越是重视的事情，就越是会反复思量。[3]这就是学校要考试的原因。只要学生有心取得好成绩，考试就会让他们渴望考好、害怕考砸，这些情绪可以激励他们学习。

高敏感父母最大的动力，就是对孩子的爱。所有父母都疼爱自己的小孩，但或许高敏感父母尤甚（前提是他们没有被过度刺激逼得走投无路）。我们慎之又慎地处理每一个决定，仿佛参加重点课程的期末考试一般。我们要权衡现实情况和我们的感觉，并兼顾不确定因素和风险。因为我们无法一下子处理这么多信息，所以中途需要休息养精蓄锐，同时消化各种经历，包括我们需要做出的和已经做出的决定。而父母都无暇休息，这点不用我多说了吧。

让我们试试能否在做决定上节约一些精力。

帮高敏感父母做那些烦人的决定

好在有些事瞬间就能决定下来，你根本不会注意到。这种情况正如我在第一章中所言，你是根据自己以前收集的种种信息凭直觉做出决定的，其中有些信息是你在无意间收集到的。但有时，你得自主决定是否要相信直觉！还有些决定似是让人非常苦恼，在此有些建议可供参考。

做决定的建议

- **直面其中的不确定性。** 艰难的决定总有很多不确定性，否则你早就打定主意了。不错，你敏感的天性自然希望避免出错，但关键因素有时未必可以提前预测。请接受这一现实。

- **做错决定会给你造成多大打击？** 后果究竟有多严重？你能坦然面对犯错吗？能否看得长远些，明白"人孰能无过"？再过一年乃至十年，这事还重要吗？你选购的婴儿车品牌会影响孩子将来上大学吗？无论如厕训练的方法有什么细微差别，孩子都不至于到了高中还穿纸尿裤吧。何况，有些选择一开始看似是错的，但日后却可能因祸得福。

- **制定一个退出策略。** 婴儿车可以退吗？如果第一种睡眠训练不起作用，能换一种吗？母亲互助小组的活动可以早退吗？何不提前备好早退的借口呢？如果你执意要走，又有谁真的在意呢？

- **做决定时，慎重选择向谁征求意见。** 尤其是那些不具备敏感特质、（自认）与你的决定没有丝毫利害关系的人，他们仅略窥一斑就旗帜鲜明地发表意见，不去全面了解情况或是设身处地地换位思考。如果你说话的口吻和他们差不多，这可能意味着你基本已经拿定主意了，不过别以为他们的意见特别值得重视或必须遵循。你如此看重他们的意见，事后他们可能反而很惊讶。与此同时，他们的意见可能会在我们的大脑和心灵里挥之不去，尤其是若我们原本很尊重这个人或者决定违背他的意见时。请教亲戚也要慎重，如果你不采纳他们的意见，可能得罪对方。一些非高度敏感者可能认为凭你自己根本做不了决定或者受不了你的优柔寡断，于是便以这样那样的方式迫使你选择："就照这样做就完了。"别，这不是你的风格。感谢对方，告诉他们你还在考虑。

- **问谁最合适？** 请向比你知道得多的过来人请教——那些孩子年纪较大的家长，他们早已选好婴儿车、学校和牙医了。最重要的是，对方要认真听你说话，给予你反馈："我明白你的意思。你真的很困扰到底该不该再要一个小孩。"再次提醒，请小心那些不听你说话却又立场鲜明的人，譬如他们可能鼓吹多子女或独生子女的道德正当性。

- **当然要上网搜索信息。** 不过要凭借你的直觉找到走出信息迷宫的路，运用你的敏感性确认信息来源是否可信，同时强化你的自我呵护系统，懂得适可而止。

- **平衡自己与他人的需要。** 若这个决定不仅关乎孩子，还影响着其他人，有时会产生冲突。想想身为高敏感父母你真正需要什么，或是你相信孩子需要什么。如果可能的话，解释一下你的理由，但坚持你的所需不仅没有错，更是一种必需。学会不必讨好每一个人，对你很有好处。

- **如果你不得不选择牺牲自己的需求或心愿**——我们经常这么做，因为我们特别富有同理心——那么一旦做出让步，到头来千万不要怨恨别人。

如何轻松快速地在父母必须决定的小事上拿定主意

1.**自主大幅精简上述建议。**你**不必**搜集所有信息，挨个请教每个人，或是煞有介事地考虑如果选错了你会作何感受。不过是些小事罢了。

2.**身为高度敏感者，要相信自己善于做决定。**如果你是头一次为人父母，在孩子的每一个成长阶段，似乎都很难做出正确的选择。而有时你也真的难免出错。但你能从错误中吸取更多教训，因为你会深度处理事情的结果。

3.**有条件的话，最好在安静的环境中迅速做出决定。**考虑选购哪种商品时，我经常走出店外或直接回家。销售员可能劝你说过了这个村就没这个店了，因为他们不希望你像这样考虑再三。你每次作势欲走，他们就可能给你更多优惠。但你要告诉自己："离站的火车不止这一辆。"

4.**让预先处理过的选择信息发挥功效。**如果你已经收集了足够的信息或是之前已经逛过商店了，最终的决定可能水到渠成。

5.**重新选择购物的商店**——搜索一下"商品种类有限的自营店"，可以考虑去那儿买东西。眼不见，心不烦！

如何解决那些让高敏感父母夜不能寐的大问题

1.**依旧要自信。**你并非"不擅长"做决定。所谓的"不擅长"一般是指按照别人的标准来看你太慢了。但还请仔细想想，我猜你的决定通常都很正确，至少适合你。如果你犯了错，下次做决定时你的确可能考虑得更久，想要自我纠正，但这也让你不致重蹈覆辙。多花些时间考虑重大决定，能最大限度地确保你做出更好的决定。

2.**尽量多收集信息。**一定要评估你收集到的信息的质量。提供这些情况的人是否希望引导你得出某种结论？例如，假设你在考虑是否要搬去另一个城市，当地的商业中心是个值得去看看的好地方，但在那儿你看不到这里的负面情况。当地的日平均气温，你或许也有兴趣了解一下。有过相关经历或做过类似决定的人是极好的参考资源，但请教他们须全面考虑对方的知识面、立场和动机。

调查技巧

有条件的话，相较谷歌搜索，谷歌学术搜索（scholar.google.com）更适合检索钻研实际问题的科学研究。如果你偏好有理有据的事实，谷歌学术搜索是个不错的资源，尽管即便是科学结论也会相互矛盾，或微妙的原因可能导致不同的结果。

谷歌学术搜索搜出的有些文章右侧附有链接，点击可查看全文。如果点进去只有摘要，那么阅读全文需要付费，除非你能登录大学图书馆浏览。不过，一般来说，你想知道的问题摘要里都已交代清楚了。

点击引用过该文章的其他链接，你可以顺藤摸瓜深入下去。比如，你在考虑该让孩子看多久电视，可以搜索电视对孩子的影响的研究——可能多得你看都看不完。有种解决办法是点击页面左侧的按时间排序查看最新研究，或者输入关键字"review"（综述）、"meta-analysis"（元分析），通过这两个词搜到的都是研究总结。这些研究无法替你做出决定，因为你有你的价值观和需求。但这类信息会有所帮助。

有时，如果你怀疑孩子患上了某种疾病或是出现了一些让你担忧的健康或行为上的变化，最好拜托别人来搜集相关信息。如此，你便不会为那些极端案例乃至错误信息而忧心不已。对了，有时我在谷歌学术搜索中输入病情的学名和附近顶尖医学院的名称，就能找到最好的医学专家。[好比你住在洛杉矶，想搜索哮喘的相关信息，那么输入"asthma"（哮喘）和"University of California Los Angeles"（加州大学洛杉矶分校）即可，或者"University of Southern California"（南加州大学）也成。] 这些文章的作者都位于你所在的地区，且一直在钻研相关病症，你可以找他们看病或让他们推荐这一带最好的医生。

3. **列出清单**。我和丈夫曾面临过一个艰难的决定，即是否要横跨美国远迁异地。我们知道这其中有许多变量和不确定因素需要考虑。我们脑海里盘旋着各种感受和收集到的所有信息，为避免遗漏或厚此薄彼，我们把所有因素都罗列了出来——情感、经济、对事业的影响、社区质量、气候、喜欢的地方、需要结交新朋友等。这样有助于我们做通盘考虑，不会在思考其他事时，不由自主地跳到这些问题上来——甚至晚上入睡时都还在想。

4. **把清单做得有趣些**。受清单的启发，我们索性把它变成了一份电子表。虽然听起来很智能、很科技化，但其实很感性，因为我们依据个人感受对每项因素进行了评分，数值的高低代表了我们设想的情感的强烈程度。也就是说，我们在每项因素后面按十分制进行评分：如果搬家后某件事能有所改善，我们会有多开心；如若不然，我们会有多难过（分别列项）。搬家后能远离一些讨厌的人或事，我们会有多开心；而不得不放弃现有的一些东西，我们会有多难过。然后，我们预估了每种情形发生的概率（我们有十分之一的可能性不喜欢那里的"文化"，而离开现居地我们有十分之九的可能性会很伤心，诸如此类）。我们还可以在表格中纳入生活水平的变化、房产价值的相对变化以及赋税变化。建好电子表后，我们将表格中的列项相加、计算均值、根据自身情感或信息的变化调整各项的权重，及时看到新的计算结果。在此过程中，我们收获了不少惊喜。最终的结果是我们没有搬家，而且也从未后悔。就算你最终决定采取行动，而有些事并未如你所愿，你也清楚地知道当初那样选择的原因，从而减轻自责。

5. **拿出一分钟、一小时、一天乃至一周时间，假装自己已做出决定**。这种感觉如何？通常，做出决定后事情看起来会大不一样，这样做给了你一个机会，尽情想象做出决定后的情况。

6. **慢慢来**。我经历过最痛苦的抉择，均是要顶着压力做出不可更改的决定。不得不在短短几天内做出改变人生的决定，肯定会让你陷入过度唤醒与倍感苦恼的状态。所以在最终期限来临前，你要留足时间好好研究。专门腾出一段时间来研究这件事，这样你就不会整天忧心忡忡的了（当然，你还是有可能一直想着它）。可行的话，请求延期处理，或者自己给自己延长一阵子。别担心自己永远拿不定主意，因为往往有一天，你突然就想通了。

7. **做出决定后，要相信自己的决定**。时限临近时，你可能又冒出很多别的想法。请记住，你已经尽力了，你也不希望永远对这个决定耿耿于怀吧，更何况你已经决定了。同时也请记住，如果你迟迟不肯决定，无限期地拖延，从某种意义上来说，你也已经做出决定了。

容易被忽视的重大决定

我相信，一般而言，高敏感父母更能做出重大而艰难的决定，譬如，涉及育儿价值观方面的问题，以及希望鼓励或劝阻孩子养成哪些居家习惯。但他们也可能犹豫不决、缺乏把握，或者担心他人不认可自己的选择。若你拖延太久，其实便已经做出了决定，尤其是在这种重大问题上。你会继续按照你之前的做法来，无论这是你有意决定的，抑或只是顺其自然。

然而，无论你是有所抉择还是顺其自然，我都认为高敏感父母有权勇敢践行自己的价值观，也让其他人看到这些价值观，或许还能从中受益。你也许希望家人吃素，希望女儿在一个不戴面纱的国家戴面纱，希望孩子的穿着打扮不要跟风逐热，好节省开支。此外，孩子应该承担多少家务？该拿多少零花钱？看多久电视？社交媒体呢？哪些事可以交由孩子自主决定？你要如何处理毒品、性爱、饮酒等问题？这些问题都很难决定，但务必考虑清楚，包括对家里每个人的影响。然后，待时机成熟，勇敢地表达自己的看法。往后若有了更多了解，也要懂得灵活变通。

不过，以下这些事你应该有所考虑。你的决定能否带来更多休息的机会，特别是让你的心灵真正宁静下来？这个决定对其他人有何影响？我知道你理所当然地会想到这些，那么还有一个问题：长此以往对你有何影响？请高瞻远瞩。你的心是怎么想的？问问它。我发现心灵通常会给出出人意表的答案，其他你能与之对话的内在也是这样——譬如，你内心的小女孩或小男孩，你在脑海中召唤出的某位先祖的灵魂。最后，你深层的精神之路是如何指引你的？琼·博里森科（Joan Borysenko）和戈登·德韦伊林（Gordon Dveirin）在《灵魂指南针》（*Your Soul's Compass*）一书中，采访了牧师、拉比、苏菲派大师、基督教神秘主义者、智者、直觉主义者和上师后发现，他们一致认为精神指引通常都很自然、高效、轻松、平和而美妙。[4]对于做决定来说，这同样是个不错的标准。

关于做决定，最后再多说一句：因为天性使然，高敏感父母会考虑多种情况，所以他们很有资格为其他父母提供建议——小则在交流或网络评论中提及一二，大则自己开博撰文乃至著书立说。

要不要生二胎

对大多数高敏感父母而言，生儿育女既是人生中最精彩的时光，也是最糟糕的时光。有些人经历过后清楚地知道自己想要什么，有些人则不然。有了孩子之后的高强度生活，无疑导致我和丈夫迟迟没有再要一个孩子，直到我们最终意识到，这种拖延已然是种决定。

生二胎的压力通常相当大。不给孩子生个弟弟或妹妹，高敏感父母可能心有愧疚，尤其是他们与自己的弟弟或妹妹处得很好的话。他们可能担心独生子女容易自私自利。双方老人也可能向他们施压，还想再抱孙子或孙女。

从好的方面来看，高敏感父母可能会因上述原因再要一个孩子，何况他们也想运用一下养育头胎时学到的东西。他们希望这次能好好体会这个过程，刚开始哺育头胎的那几年常常精疲力竭，似乎错过了很多，又或者他们只是单纯地想再来一次。有时，光是渴望看到你和伴侣的另一个结晶，一个新宝宝，就能让人心动不已。

与此同时，如果你犹豫不决，这可能就是一个信号。记住：独生子女也有办法养育得很好。事实上，他们可能在某些方面得益于大人一心一意的关注。他们也不必经历兄弟姊妹间的竞争，乃至欺负。再者，高敏感父母年事渐高后，不如其他父母那般精力充沛。他们会担心自己还能否应对更多刺激与混乱。要确保**你自己**能接受那个决定，而不仅是为伴侣着想，满足对方多子女的愿望。

以下三位高敏感父母回顾了他们当初决定是否要二胎的考量：

生第一个孩子时，我对高度敏感还一无所知。我觉得，我迫于些许压力太早要二胎了。不过，女儿（二胎）给我们一家带来了数不清的欢乐，也让我明白不是每个人都像我和她哥哥一样反应强烈！

现在我知道家里有两个高度敏感者，也能接受我恐怕无力再多养一个孩子的事实，虽然我以前一直想要第三个孩子。

我大部分性格内向的朋友要么没有孩子，要么只有一个孩子。他们似乎本能地对自己的育儿能力心中有数，及早停止生育。而我却一口气闯过所有危险信号。我忽略了自己对长时间独处的需求，没有注意到我有多享受一对一的交流。我以为边听音乐边做白日梦，是上帝赋予我们的理所当然的权利。我以为大人在工作时，孩子可以乖乖自己玩耍。

我知道同时应对很多人会让我不堪重负，所以我坚定地只想要一个孩子（更何况我已经有两个年龄较大的继子了）。如果生活过得有声有色，这个想法会有些动摇，尤其是看到我的孩子有多爱和人打交道时，但很快现实就会泼来冷水。

深度处理育儿使命

现在，让我们深入思考一下生儿育女这件事。对于你们中的许多人来说，生儿育女是真正的人生使命，你们日后也很容易适应爷爷奶奶或外公外婆的角色。育儿无疑是桩苦差，还会遭受过度刺激，但和孩子相处、帮他寻找自我、保护他免受创伤也是世间最具意义之事。日复一日的生活琐屑，即便对天生就适合生儿育女的人来说，也既是挑战又是机遇。

养育孩子（不单是"生下孩子"）是人类最根本的任务。但我们未必尊重这项任务，视之为一份事业、一种天职，乃至一项使命，而每个人都需要受到尊重。

解决的办法是寻觅同道中人，相互认可。这就是家长互助小组大有裨益的原因。你还可以争取获得幼教学位，支撑你在这方面的兴趣。熟人也可以成为我们的参照对象。例如，你成长于一个大家庭，你的父母将养育子女视作人生的首要目的。更妙的是，他们可能仍旧陪在你身边，支持你履行自己生儿育女的人生使命。

最后，请记住凡是另辟蹊径之人——诗人、艺术家、音乐家——通常都面临着类似问题：因为没有正经工作而遭人冷眼。高度敏感者可能认为，他们选择的路也是攸关我们这一物种生存的重要任务。不管受不受尊重，你都要走你自己的路。

与此同时，有些父母——绝非所有父母——发现日复一日地养育子女断非他们的使命，这类父母要么面临痛苦的选择，要么没得选。或许你就是如此，为了养育孩子放弃了自己的事业，现在追悔莫及，抑或发现已很难重返以前的领域。或许你尚未找到自己的人生使命，乃至尚未找到一份满意的工作，现在却已不得不挣钱养家，不能再自由地追寻你真正的使命。

芭莉·杰格尔（Barrie Jaeger）的《跳槽也不是办法》（*Making Work Work*

for the Highly Sensitive Person）一书中的一大亮点是，她写到了苦工、技工和使命的区别。[5]苦工是高度敏感者尤为畏惧的工作。对有些人来说，只要有工资拿，忙完一天后能指着这些钱找点乐子或养家糊口足矣，哪怕每天重复劳动或者无所事事，度日如年。这就是苦工。这种工作本身并无意义，对高度敏感者而言相当**致命**。

技工对我们有吸引力，因为我们要么很擅长这份工作，要么尚在学习之中，能收获很多挑战、激励、自我拓展和乐趣。不过，一旦精通这门技艺后，重复工作也会沦为苦工。

而使命是你觉得自己应该去做的事，即使其中有些乏味的苦工，也甘之如饴。这种工作观念可能有些浪漫色彩，仿如灵魂伴侣一般，但这正是高度敏感者的真情实感。诚然，你的使命并非一成不变，就像你可能会更换生活伴侣一样。你的使命也可能很宽泛，比如你志在写作，而你写作的方向会发生变化。但你在写作时，总觉得很对路。

此外，我们的身份认同包裹在我们的人生使命之中，所以当我们被迫去做其他事时，我们在自己和他人眼中会呈现出另一种身份，我们会感觉迷失了自我。如果我们知道迟早能重拾自己的使命，那没关系；但若遥遥无期，我们将丧失希望。要是你还不确定自己的使命，只知道一定不是你现在在做的事，你将更难体会到自己在做有意义的事，是个真正的人。

如果育儿并非你的使命该怎么办

依据使命的定义，显而易见，育儿并非每个人的使命。你依旧可以做个好父母，但可能难免有点失落。

- 如果你**暂时**不能重拾你的使命，为避免遗憾和苦闷，你应该花时间练习，哪怕只是一点点——比如，去地下室演奏、录制你的音乐，阅读你所在领域的期刊，栽种一个有机花园，别管实用不实用。

- 你可能必须回去工作——不是为了钱，而是为了重拾你的使命。我相信你会周全地兼顾孩子的需求，即便未必得是由你去满足他的需求。**请千万**不要内疚。人类可能是唯一一种需要生存意义的物种，以至于没有意义我们宁可去死。高度敏感者似乎尤其如此，他们需要找到生存的意义和目的，尽管为了养育孩子（不单是"生下"他），他们愿意走些弯路，做些牺牲。

- 有条件的话，不妨重建你以前的圈子——工作圈子——或是多关注关注你所在领域的同行，知道谁是谁，没准还能在社交媒体上交流一二。

- 可以的话，磨砺或学习一些返岗所需的新技能。或者发挥创意，今后想办法自谋生路（这个解决方案往往最适合高度敏感者），看看市面上还有哪些需求未得到满足。有些人以替人遛狗为业，你也可以动动脑筋。

- 别忘了，孩子不会永远年幼。他们很快就将开创自己的生活。如果眼下孩子还没到上中学的年纪，你要注意均衡分配你的休息时间，这些时间都是你的帮手替你争取来的。其中大部分时间要用于休息，或者出门走动走动，无法扑在你的使命上。事实上，身为高敏感父母，你的第一要务仍是抓紧时间休息，从过度刺激中恢复过来。否则，你会有抑郁之危，心里愈发不满，作为父母也越来越不称职。不错，你现在主要致力于养育孩子，但当你最终投身自身使命之际，你的敏感性会助你一路高歌猛进。

最后，来看看其他高敏感父母如何讲述他们的工作与追逐使命的经历吧：

> 我常常在想，出去工作是会让情况有所好转，还是变得更加混乱。我迫切地想做些有意义的工作。目前我在家写作，主要发布在自己的网站上，但也接些自由撰稿人的活儿。我很少有余裕去做这些事，常常觉得我的人生已非我所有。我太在乎别人的幸福和烦恼了。

> 对我来说，照顾孩子需要付出源源不绝的情感能量，还是工作更受控一些。但我很快发现，真正难熬的是下班回家之后。以前没有孩子的时候，

我拼命工作也拼命玩，但这之间总有足够的时间养精蓄锐。[这位高敏感家长最终换了一份工时短、压力小的工作。]

工作——超级妈妈的重负！我已经想办法与老板协商好了，现在暂时每周工作三天。

我喜欢安静的脑力工作。做起来虽有压力，但也是一个避风港。

一边工作一边育儿，既困难又容易。容易之处在于，可以把这两个迥然不同的生活部分分割开来，一次只用专注一件事。

公立学校对于我家天赋异禀的高敏感孩子来说宛如地狱，但我也无法让他在家接受教育。我觉得如果我再不回去做学术，没有自己的时间，我的健康恐怕会出问题。

我热爱我的单位和同事。文字编辑的工作很适合我。另外，我很庆幸每周能有半天时间在家工作，再加上我们还在家里想了其他办法，孩子每周只用去两次家庭托儿所。但每天早上我都与儿子难舍难分。

这么做的弊端在于无法投身对我来说最重要的事（也就是，全职带孩子），我很失望、内疚和不满。他一脸难过时，我真舍不得丢下他。于是，我会怀着沮丧而矛盾的心情去上班。最终丈夫认为我能为儿子提供的照料和教育胜于第二份全职收入的价值，我很是欣慰。

且不论孩子所取得的显著进步，单是亲眼看到我为孩子精心设计和打造的学习环境后，丈夫也为我们小小的家庭学校感到自豪。单是这一点就是一个巨大的进步，因为他最初坚决反对在家教育。

现在，我在教导孩子和料理家庭生活之余，在家做些编辑工作。

关于做决定的结语

结语：生活中有很多大大小小的决定，你越是在行动前深思熟虑，就越是会面临更多抉择（一如高度敏感者所为）。要相信自己一般不会出错，并接受有时你确实无法掌握全部信息，做出最佳决定。遇到这种情况，请谅解自己。错误可以提供一些最为有用的生活经验，而且几乎总能带来一些意想不到的好处。

记住：深度处理是你的天赋，即便它有一些弊端，令你犹豫不决、疲惫不堪，还会让你深思为人父母的感受和人生的意义。而这也正是你的优异之处，是高度敏感者所有特征的核心。

第五章

享受并调节你强烈的情绪反应

有位父亲总结得好：

养孩子既可怕又快乐。

还有位高敏感妈妈也讲述了她的体会：

我的情绪反应是我的一大麻烦。我捕捉到的细微线索越多，思考的可能性越多，就越容易过度唤醒、情绪反应剧烈。

高敏感父母有很强的情绪体验和同理心，由此也带来诸多好处：与孩子同调，对家人感同身受，基于意识感受和无意识感受的直觉很精准。

此外，因为我们对积极经历的反应特别强烈，我们更能体会到育儿的乐趣，一如许多高敏感父母告诉我的那样。

与此同时，这种优势也代价高昂——特别是你与生俱来的同理心，能让你过于细腻地体察孩子的感受。

育儿各个阶段的情绪体验

既然有情绪，就有诱发情绪波动的生活情境或生活阶段，譬如恋爱，能让人百感交集。孩子的每一个成长阶段，都是一种不同的情绪诱发情境，让父母产生各式各样的情绪体验。在学习调节这些新情绪之前，我们先来看看都有哪些情绪。如果你已经度过了某些育儿阶段，此番回顾依旧能让你反思过往的情绪，没准还能重新调整。

婴儿期

分娩对我来说是绝无仅有的人生体验。我将之想象成一朵莲花的绽放，当我用尽最后一点力气生下孩子后，我宁愿就此碎为齑粉。然后我看到了一个幻象——繁星满天。我看见一扇门打开来，我知道那是生门，我知道生门与死门一体同源。我不再害怕死亡。我相信生育是伟大的天启——向女性揭示宇宙真正的秘密。

分娩和刚开始为人父母的头几天头几个星期，都是诱发情绪波动的情境，可能让你变得前所未有的情绪化。我们常常忽略这一事实，但我知道对于一些高敏感父母来说，这些情绪（积极或消极）强烈得几乎足以造成创伤。

我认为创伤指的是身体的完整性或边界突然遭受严重损伤，好比肢解或重伤。当遭受心理创伤时，我们的情感割裂、破碎、瓦解了。我们被"彻底压垮"了，处理情绪的寻常方法（比如言语表达）根本无济于事。及至这种地步，人往往会解离，也即不再能感受到自己的感觉（我这里所说的"情绪"和"感觉"互通）。即便他们仍有所感觉，但感觉与成因脱节，会产生"自由浮动性焦虑"或无缘无故的压力。他们还可能失去对身体的感知，而大部分情绪来源于此。他们或许还会索性忘掉很多发生过的事。他们往往不知该如何描述发生之事，甚至可能对此没有言语记忆。而分娩对父母双方都可能造成创伤。

一位高敏感家长如是说：

> 经历了分娩所带来的喜悦与精神启迪后，我随之陷入了人生最黑暗、最艰难的阶段，因为我极度缺觉，甚而数次出现幻觉，看见一只硕大的蜘蛛从天花板上掉下来，落到我身上。

毋庸置疑，还有一些高敏感父母会因婴儿哭闹而出现情绪波动，有时或许会折腾好几个小时。他们一面运用直觉、同理心、深度处理和觉察细节的优势安抚宝宝，一面还要尽量避免因过度刺激和睡眠不足而"失控"。正如一位高敏感父亲所言：

> 我和妻子的不同反应，很有意思。孩子的啼哭会刺激她分泌乳汁，刺激我产生压力。我会开启"紧急模式"，迅速进入高压状态，脉搏和血压双双上升，精神紧张，注意力过度集中，除了想办法缓解宝宝的不适外，顾不上其他任何事。妻子照看孩子时，我很难袖手旁观，因为我无法无视孩子的啼哭，专心工作或做别的事。对我来说，放任孩子哭泣比想办法安抚他还难。

幼儿期

> 我能感受到孩子的情绪，无微不至地养育他。

孩子一旦开始走路或"蹒跚学步"，高敏感父母就进入了另一种不同的情绪诱发情境。幼儿一方面十分有趣，一方面也十分难带。他知道或者自认为知道自己需要什么，非常执拗，无论是坚持"自己动手"还是只肯吃一种食物，不吃其他东西。

一位妈妈说：

　　我把所有时间都花在了孩子身上，掏心掏肺地付出，以致有时变得很暴躁，仿如世界上最糟糕的妈妈。譬如，我家那任性的两岁小孩掀翻了其他孩子的购物车，我就连珠炮似的狠狠臭骂了他一顿。

　　但你也不能指望和幼儿讲道理，他闹起脾气来，高敏感父母会受到过度刺激。若是在公共场合，高敏感父母可能觉得尴尬至极，抑或担心影响到周围人，他们会高速处理所有信息，尽快扑灭孩子的情绪风暴。因此，高敏感父母可能异常懂得如何避免孩子闹脾气，他们知道孩子接下来会吵着要什么，及早将诱惑挡在孩子的视线之外，巧妙地分散孩子的注意力。

　　另一位高敏感妈妈讲述了她的经历：

　　　　我发现儿子闹脾气时，我没有我想的那么有耐心。但别人都夸我很冷静，或许是我对自己太苛刻了吧。起初，我并不会被儿子的情绪牵着鼻子走。我可以坚持好一阵子，但最终还是会失去理智，大吼大叫。

　　后来，她在一本育儿杂志上找到了一个绝佳的解决办法：别在商场里理会孩子的胡闹。

　　　　我任由孩子躺在地上又哭又闹，熟视无睹地继续走。我心平气和地告诉他，我要走了，然后抬腿就走。他很生气，但最终还是会乖乖跟上来。

　　与此同时，养育幼儿也十分令人乐在其中，尤其是对高敏感父母来说。例如，孩子咿呀学语时，你能天马行空地回答他那些天真有趣的问题。

学龄期

　　一位高敏感父亲表示：

　　　　最困难的事莫过于在女儿舍不得我走的时候，把她留在学校。她哭泣的样子，真叫我不忍心。

这个阶段除了能收获崭新的里程碑和进行更深入的交流外，还会勾起我们自己的校园回忆，从而引发一些愉快或不愉快的情绪。高敏感父母要注意这类情绪的强度和滥用同理心的问题，我们会设想孩子在同样的情况下，也会产生我们以前那些情绪，但事实往往并非如此。

> 我自己念小学时没什么朋友，为此吃了不少苦头。儿子四年级时，我们搬到了一个新学区，他也不怎么擅长交朋友。我跟他说没有朋友很难受，令人自卑。他跟我说，他一点儿也不觉得自己有什么问题。他觉得那些孩子都傻乎乎的，不在乎他们喜不喜欢他。我确信这是种自我防御（尽管我见过他同学，理解他为什么这么想），我可能扮演了精神分析师的角色，探索了他潜意识里的感受。但最令我震惊的是，在我看来，这似乎是种健康的反应，而我此前只是将自己的感受投射到了儿子身上。

青春期

青少年会让父母的情绪大起大落，宛如过山车。高敏感父母责任心强，希望理解孩子的内心世界。而孩子现已越发不愿表露心思，高敏感父母势必会学些新技巧，相比那些不甚敏感的父母，他们可能与青少年处得更好。但当你家的青少年说你老土、无趣，不想和你待在一块时，你依然很难受。

最重要的是，你必须态度友好而体贴地坚守自己的立场，当你的情绪反应和同理心都很强烈时，很难做到这点。与高度敏感者一起生活的人（自然也包括他们的子女），往往下意识地知道为了逼高度敏感者就范，该如何闹腾一番。吼叫、摔门、威胁、咒骂、羞辱、花言巧语，总之就是你想得到的能让人在家为所欲为的所有武器。

这一阶段在你情绪波动的背后还有另一个问题：你们即将分离。高敏感父母会尤为清晰地意识到孩子离家后，他们的生活会发生多大变化。借用组织心理学家哈里·莱文森（Harry Levinson）一言："所有改变都是失去，所有失去都需要哀悼。"[1]

儿子离家上大学那天的情景，我仍历历在目：

> 丈夫开车送他去机场，我一个人留在家里。我心情很糟，也许是我单方面觉得被丢下、被抛弃了的缘故，但也因为我明白这究竟意味着什么。我花了很长时间才想开，甚至考虑写本书，谈谈我们的文化为何倾向于否认这些强烈的情感。但那时我还未真正了解自己的高敏感性。只有像我这样的高敏感父母才需要那本书。

情绪调节

由于你先天情绪反应强烈，为人父母的感受也会更深刻，所以你必须成为调节情绪的行家里手。鉴于你具备深度处理的能力，一旦透彻地了解过情绪调节，定会比别人做得更好。

"情感调节""情绪调节"是复杂的心理学术语，指的是你为改变情绪的自然流露，有意或无意地采取的各种方法——增强、延长或减轻某种感受，使之合乎情境。人类的大脑天生就很擅长这么做，而高度敏感者的大脑或许更是如此，仅仅是和别人共同生活一段时间，你就已经对情绪调节有不少了解了。但若能更有意识地进行调节，总归有利无害。

或许，你之所以需要熟悉自己调节情绪的方法，最重要的理由是，你会把这些方法教给孩子。如果他老看到你失控，就会有样学样，用这种方法对情绪做出反应，最终你这辈子都要面对一个胡搅蛮缠、情绪激烈的孩子。孩子自身的性格也有很大影响，而要是孩子生性情绪激烈，就更应当好好培养你们两个的情绪调节能力。

婴儿的情绪完全依靠你来调节——照料者是唯一能增强、延长或减轻婴儿的啼哭、饥饿、各种疼痛，以及快乐和满足的人。婴儿基本无法控制这些情绪。幼儿也需要有人帮他调节恐惧、愤怒和苦恼，譬如没有得到他非要不可的东西，或者是有些人或事不见了，他可能认为这些都永远消失了，需要你教他分辨其中哪些还会回到他身边。

大一点的孩子也会效仿你的情绪管理方式，有时还会反抗你的方式。譬如，他可能用激烈的表达取代你的控制。同样，也不要忽略孩子自身性情的影响。他能否调节自己的情绪，并不全赖你。请记住，父母回首往事时，几乎总会看到一些恨不得从头来过的不足之处。而事实上，每个人都有无法彻底解决的"问题"，它们必然会以某种形式传给孩子。

调节，但别压抑或强加

伴随成长，孩子学会了分辨什么样的情绪是快乐的——想要增强或延长的那些感受，比如欢笑和分享——也开始学会拒绝感受他不喜欢的事物。你要确保你不会将这些情绪"色彩"从孩子身上连根拔起。

虽然我说过高度敏感者感受性更强，但有些高度敏感者很早就成了掩饰强烈感受的专家。特别是某些男性，他们身处的文化并不鼓励他们流露太多感情。然而，还有一些家族和整体的文化环境，也不允许强烈地表达情绪或流露某些特定感受。

深究起来，你的家庭乃至每一个家庭，都会鼓励一些情绪，遏制另一些情绪。某些家庭允许发怒，但不允许伤心；另一些家庭则营造畏惧，禁止欢乐；诸如此类。你要多注意那些被你家拒之门外的情绪，因为你除了扼制这种感受外，可能没有太多的应对之策。如果你正是如此，还请记住增强对情绪的觉察或表达，也是一种情绪调节之道。

无论是孩子还是我们自己，每个人都希望在必要时能体会到所有情绪。情绪是反映我们内心和周遭真实情况的信息。它们告诉我们，我们需要什么、想要什么，有时还能与别人**感同身受**，了解**他人**的需求和愿望。压抑这些，不仅会错过重要的认识，而且压抑所造成的生理反应还会表现为慢性疾病。

与此同时，出于多重原因，情绪紧张乃至失控对我们来说并非好事，有时我们的确不想产生强烈的情绪反应。所以我们要找到接纳情绪和控制情绪表达之间的平衡点。我们大多数人偏废其一，掌握平衡并非易事。不过一旦意识到自己的感受，就有必要控制你应对情绪的地点、方式和时长。有时，为了好好工作或达成目标，我们想改变自己的感受（例如，心平气和才能替孩子换好上学的衣服）。

有时，我们甚而想将某些情绪调节方法培养成一种习惯，进而塑造自己理想中的性格。如果我们希望自己性情平和、风趣、富有同情心、乐观、友善、礼貌、开放，就会试着把我们的情绪反应朝那个方向塑造，不失其本真，只是依据我们生活的价值观或态度做出调整。我想高度敏感者或许特别希望改善自己的情绪反应，没准还挺擅长，所以人们对你的评价才不限于高度敏感，还会说"你**尤为**冷静""你太幽默了""你真的很有同情心"。也许你生性如此，但也有可能是你已成功地在你选择的情绪方向上，完善了自己的个性。

特别适合高度敏感者的方法

一组心理学家专门研究了高度敏感者如何应对消极感受。首先，和其他研究一样，这组研究人员也发现相较其他人，高度敏感者**会**觉察到并产生更多消极情绪[2]——抑郁、焦虑、倍感压力等。可惜，他们没有测量积极感受，所以没能看到我们的另一面。

其次，他们发现很多调节进而减少消极情绪的策略（和别人谈心、分散注意力等），几乎**人人**适用，而高度敏感者往往较少使用。故而，如果你想提升自己的情绪调节能力，可以考虑重点在以下五个策略上下功夫：

1.接纳你的感受。

2.勿以感受为耻。

3.相信自己能和别人一样应对自如。

4.相信消极感受不会持续太久。

5.心怀希望——你最终一定有办法应对消极感受。

想想这五点在育儿过程中的具体表现。比如，在你烦透了带孩子时，你能否接受这种感受，不以为耻？你能否相信别人也会产生这种想法，并且成功克服了它？你也可以吗？你相信自己做得还不赖吗？你能否意识到一切都会改变，就连那些看似永无完尽的消极感受也不例外？我很喜欢里克尔的一句诗："没有哪种感受会一成不变。"[3] 你是否认为你有办法应对自己的感受——比如求助？想想以上五点。哪几点你做得最差？并非只有你才这样——做到这五点对所有高度敏感者来说都最为困难。

分散注意力

除了重视高度敏感者在情绪调节方面存在的欠缺外，当情绪上来的那一刻，你能做点什么？科学家推崇的一种情绪调节方法是想些别的事，分散注意力。要是你不得不照看孩子，可能很难做到这一点，因为他或许正是你情绪激动的来源。但你可以稍微开下小差。这就是为什么进行愤怒管理时，发火前先慢慢从一数到十，没准就能熄灭导火线。数到十就是一种分散注意力的办法，也多少能让人冷静一些。

分散注意力并不需要压抑情绪。这只是一种推迟或淡化反应的方法。找本有趣的书搁在近手边，一边看书一边看孩子，不然在电脑上看些搞笑短视频、听听播客也成，做你喜欢的事就好。有条件的话，可以换个环境——通常也能稍微改变一下心情。不妨带孩子出门，不过事先就要写好或想好出门要做的事，这样你就不必在情绪上来时临时想辙分散注意力。

现在可不是时候做个体贴入微的家长。要是孩子死缠着你，就把电视打开，随她看她喜欢的节目。我们现在真正关注的是转移孩子的注意力，让你有时间冷静下来，想出一个策略满足自己的需求。最后，在极少数情况下，如果你感觉自己情绪失控，可能对孩子造成严重伤害，就暂时离开房间几分钟，平静后再说。尽管等他在外面敲门好了。你就说："我一会儿就出来。"起码在他敲门时，你不必担心他在做什么。

向他人求助

当你的情绪出现你不喜欢的转变时，给亲朋好友打个电话。你可能只想借此分散一下注意力，并不言及自己的感受，你也可能完全可以依赖对方，就像对方也依靠过你一样。无论如何，你的状况都会有所改善。

事实上，所谓的"情绪传染"可以成为一种有意识的情绪调节方法。看见旁人笑，哪怕是在电视上，你可能也会跟着笑起来。有人很是苦恼时，另一人的沉着冷静可能感染他。你对此并不陌生——你也曾这样帮助朋友："你说的那些我并不担心。我想他终究不会有事。听上去一切都会好起来。"

当然，这种方法没准适得其反。你可能从别人那儿感染了你不想要的情绪，他们的反应还可能让你的情绪变得更糟，譬如因不被理解而感到羞耻与愤怒。学会抵御别人的情绪是调节情绪的另一种方式，特别是对高度敏感者而言。作为社会性动物，我们都很擅长捕捉彼此的情绪。人类既是剑齿虎等动物的猎物，也是捕食其他动物的猎手。身为猎物时，我们必须迅速对愤怒或恐惧的情绪做出反应。因为高度敏感，我们在这方面做得特别好。但有时我们并不想随大流，鉴于我们天生就会对情境进行深度思考，当别人的情绪不对劲或者于我们无用时，我们也可能比其他人更擅长抵御这些情绪。你并不是块只懂得吸收情绪的海绵。

休息、休息、休息

我们的情绪来自我们的身体，因而可以通过改善身体状况来改善情绪。这就是为什么我们**无论如何**都需要休息。而且要讲究效率——稍事休息，就能平静很多。

我偶然间发现了一个办法：

> 我儿子一岁左右时，每到傍晚就变得极难伺候，而那时我已相当疲惫，还要一边做饭一边照顾他。我们当时在巴黎，寄寓有钱人家的阁楼。他们一旦不满孩子的哭闹，我们就得立马想办法。我们想起朋友的建议，开始尝试一种简单的冥想，看看能否终止这种循环。每天一早一晚，我和丈夫轮流进行冥想。短短一两天，儿子在傍晚时的行为就完全变了一个样。这无疑是因为不仅是我的精神，就连我的身体也变得更平和了。

午睡也很有用。有朋友跟我说，近来他脾气暴躁、感觉很烦，睡了半小时午觉，醒来顿觉舒畅！休息是活动的基础。无论我们的意识状态是累到不行还是精神抖擞，我们的思考和行为都取决于意识状态。我们如何对待身体，会引起相应的状态改变。

基本情绪及应对方法

你能想到的情绪和感受可能有好几十种，但我们要关注的是几种重要的情绪：恐惧、悲伤和愤怒。下一章，我们还将探讨羞怯、内疚和羞耻等痛苦的社交情绪。

担忧、焦虑、恐惧

恐惧举足轻重，能保障我们的安全。但它也会让我们的身体加速运转，进入"战斗、逃跑或僵直"状态，关闭消化和睡眠等休养和维持系统。长此以往，你会累垮。这就是为什么任何形式的恐惧都需要调节。

天下父母无不操心。不错，高度敏感者更有操不完的心。我们比别人看得远，通常是件好事。对于即将来临之事，我们往往准备万全。多操一份心，也可以避免一些日常麻烦。也许你担心孩子忘把作业带去学校，担心你和你家的小运动员忘去参加足球训练，于是总仔仔细细地备忘。虽倒是几乎不会忘事了，但这种有益的担忧也把我们累得够呛。

我们也会担忧一些小事，因为我们着实不喜欢发生令人不快的意外，譬如想不起别人的名字，出门忘带纸尿裤、钥匙、饮用水、随身的玩具等必需品。反复几次忘事或者丢东西后，我们就开始"强迫性"地检查每件事是否都办妥了。

我们还会担忧社交行为，比如别人是否认为我们是称职的父母，或是公婆这次会做何反应。这种担忧倘若连绵不绝，也会害你精疲力竭。纵能省去麻烦，担忧也并非乐事。

焦虑。有时我们的担忧还会对身体造成更大的影响，这时就该称之为焦虑了。事实上，依据我们的调查，无论敏感与否，所有父母在这点上的表现都一样。父母要焦心的事太多了，只因我们都深爱自己的小孩。焦虑在这个意义上也有积极的一面，因为你会预判最坏的情况，从而避免许多事故。

但若焦虑过度，你可能成天出现一些焦虑的生理症状。那种感觉你并不陌生——胃里或心里七上八下，思维奔逸，频频发抖或出汗，甚而为此难以入眠或睡不踏实。

你该怎么办呢？首先，后退一步，放长眼量。假使你的焦虑成真，情况会有多糟？再过一周、一月、一年还会不会有什么影响？这事是性命攸关还是只是有点麻烦？可能出现的差池是否不仅让你担心，还让你焦虑？在当今的育儿环境中，我们难免忧心自己为人父母的能力。可是，人孰能无过？假设你预计今天自己可能会犯三个错——无可避免。最终你只错了两个，那么今天便值得庆贺。

其次，尽量别再为你的焦虑而焦虑，为你的担忧而担忧。研究发现，你越是焦心自己怎么这么焦虑，便会越发焦虑。[4]这是种反馈循环。所以，随它去吧。另外，也别太介意别人对你的担忧的看法。有的人走到哪儿都会留意消防出口的位置，总被说成"瞎操心"——直到真的发生火灾，他们就会被奉为英雄。

最后，要记住，有时一些近似焦虑的感觉，其实是因过度刺激而起。这种情况，要尽量减少刺激。如果你陪伴孩子或离开孩子身边会感到恐慌，就要考虑是不是过度刺激作祟。我发现有些高度敏感者只要把恐慌当成一种特殊的过度刺激，就足以克服恐慌发作，乃至克服他们最害怕的在公共场合恐慌发作。鉴于过度刺激与疲劳如影随形，不妨休息一下，看看你的焦虑是否会消失。

对于新手父母来说，由于疲劳、压力和新状况层出不穷的不确定性，担心失控、极度焦虑是常有之事。你分外焦虑，试图掌控每一件事，那种感觉近乎强迫症，甚至可能就是强迫症。据估计，3%（接近普通人群的患病率）至11%的新手妈妈会出现强迫症状或强迫障碍，具体数值取决于相关定义。如果你还是位抑郁的妈妈的话，那么你有70%的概率会出现这些症状。（很多这样的研究都只针对母亲——抱歉，各位父亲，我们有时忽略了你们。）

什么是强迫性思维和强迫性行为？强迫性思维指的是令人苦恼的想法、画面或冲动，比如不由自主地想象你的孩子在一个寒冷的房间里遭罪、生病，继而死去，或是反复想象孩子出车祸的情形。强迫性行为指的是重复多次的行为或心理操作，通常是为了减轻由强迫性思维所引发的焦虑，比如不断查看婴儿房的室内温度或确认孩子此刻在哪儿。你只是有些"强迫症的作风"，还是真到了需要治疗的地步？这要看你的强迫性行为与强迫性思维是否几乎日日持续，特别是要看你在生孩子之前是否就是如此。如果你有强迫性思维或强迫性行为方面的困扰，请寻求帮助。帮助唾手可得。你不必独自忍受。

你得知道如果你是位新手妈妈，非常抑郁或压力很大，那么你的强迫性思维里可能出现伤害孩子的想法。[5]没错——这类想法**并不**罕见。加拿大的一项研究发现，受访的母亲中近半数有过这种想法。但真正付诸行动的**却**很鲜见。仔细想想，你就会知道自己是不会那么做的。你的想法只是一种表达情绪的方式，以激烈的言语或设想表达你同等激烈的感受。但是，如果你觉得有任何危险或深受这些强迫性思维的困扰，在此再次强调，请向专门研究新手父母或育儿压力的心理治疗师、精神科医生寻求专业帮助。

恐惧。担忧、焦虑和恐惧的这种划分虽然有些牵强，但我们可以把恐惧视作一种持续时间较短的强烈情绪，它通常会导致心跳加速、手心出汗、胃部痉挛、提心吊胆等。或者还可以将恐惧看成对尚未发生或尚未**再次**发生的事情的极度担忧。出人意料的是，我们所害怕的大部分事情，以前至少都发生过一次了。从某种意义上说，除害怕具体的危险之外，高敏感父母还害怕再次体会到那种突如其来的恐怖情。这种情绪我们体验过一次，就再不愿有第二次。

恐惧自有用处，能帮我们避开危险。但很多时候并不存在真正的威胁，我们害怕之事发生的概率也很低。我们可能心里明白，但仍旧害怕。

你当然想控制恐惧。但着实不易，而且当这种情绪感染孩子时，他会无比害怕，因为你似乎无法控制事情的走向。

你该如何应对恐惧和对失控的焦虑与担忧呢？首先，我认为对于高敏感父母来说，关键是要提前想好如果你最害怕的事情成了真，你将如何应对。你最大的恐惧一般而言就是失去你的孩子。这或许真是人生最惨痛的经历了。有些人可能会让你别想这些，但高度敏感者通常都忍不住去想，既如此，或许还是想清楚为好。

以我自己的生活为例：

> 儿子出生后，我发现自己采取的态度是享受和他在一起的每一天，不太考虑他的将来，仿佛是在为或许会失去他做准备。当然，他长大后，我们为他的未来做了很多规划，但在内心深处，我几乎已经做好可能失去他的准备。

你如何看待失去和死亡？你是否有信仰？大多数高度敏感者都有。你的信仰对你有何帮助？一味地担忧这个问题，会让你和孩子付出高昂的代价。

其次，有时上网搜索一下你害怕之事的实际发生率，会有所帮助。通常，发生率都相当低。如果有简单易行的预防措施，不妨照做。不过我们不得不权衡为避害所付出的代价和危害成真的代价孰轻孰重。关键在于不要压抑恐惧，高度敏感者多半怀有诸多恐惧。但一定要把你的恐惧调查清楚。如果你觉得这样做很焦虑，可以拜托别人代劳，譬如查一下婴儿在睡眠中的死亡率或是遭陌生人绑架的儿童数量[6]（美国大约7400万儿童中，每年差不多只有100人遭到绑架）。

最后，如果担忧、焦虑和恐惧扰乱了你的生活，你要有所行动。虽然你可以选择服药，但这本质上是个心理问题。（有时，也可能是生理问题所致，譬如服用某些药物或太过疲劳。）极端情况下，你童年时期或许就很焦虑。养育孩子，只是让你有了更多害怕的事。不过，你仍可以想办法应对。你周围有很多很多资源——优秀的心理治疗师、网站和书籍。

我喜欢保罗·福克斯曼（Paul Foxman）的《与恐惧共舞》（*Dancing with Fear*）。福克斯曼经常说他的读者敏感，所以他了解我们。在书中，他推荐了两位焦虑症患者安·西格雷夫（Ann Seagrave）和费森·科温顿（Faison Covington）设计的CHAANGE方案。[7]这是一个结构化的方案，采用的是相当标准的综合法：福克斯曼建议定期做点放松练习，如冥想，因为你一旦放松就不会焦虑了。他还建议注意日常饮食，尤其要注意血糖水平的波动，过高过低都会引发焦虑或近似焦虑的感觉。

你可能对此早有耳闻，但福克斯曼仍建议你留意自己的呼吸。呼吸是自然而然的事，多数时候，我们大部分人的呼吸很平稳。但在焦虑或恐惧时，呼吸会变得浅快。深呼吸犹如在向你的大脑传递一个信息：既然你呼吸深长，那一定没什么可担心的。鼻子吸气，嘴巴呼气，仿如吹气球一般。下一次呼吸自然就会变深。

　　我最喜欢的当属福克斯曼谈焦虑与灵性的那一章，他为你提供了两种选择：一是觉得宇宙混沌且随机，你必须尽可能地掌控一切。二是相信宇宙自有规律，当我们遵循这些规律时，宇宙甚至可能有仁慈的一面。你或许认为这些规律即是上帝，或乃上帝所创。是随机还是有规律，既然没有人知道哪个才是真的，又何妨相信你心中的神圣之源。你可以祈求你的所需——能有什么坏处呢！——甚至设想你所拥有的正是你需要的。不然还可以回过头看看，你曾以为的不幸，到头来却成了幸事。世事往往就是如此。福克斯曼的大意是，当你焦虑时，可以试着往这个方向去想，而不是企图忘记焦虑的存在。

不快与抑郁

　　心有不满是所有父母都面临的另一个问题。我们不时想起生孩子以前的"美好生活"，不知这种杂乱无章、缺眠少觉、起得绝早、除了带孩子无暇做其他任何事的生活还有没有结束的一天。相信我，会好的。对高敏感父母而言，觉得自己不该有这些感觉才更是问题。高度敏感者有过与他人感受不同的经历，所以这回也以为只有他们才有这种感觉。花点时间参加家长互助小组，或许是最好的治疗。只要你敢于说出自己的感受，一定会得到很多共鸣。

　　抑郁显然更为麻烦。怀孕期间和产后三个月，抑郁症状在所有母亲身上都很常见。（我马上就会讲到父亲。）据统计，其中约15%的女性患有真正的抑郁症，而高达85%的女性有些轻微症状，但并非抑郁。[8]不过，从我们的调查来看，真正的产后抑郁并未特别常见于高敏感母亲，可能因为产后抑郁主要是激素所致。

　　那么父亲呢？约有10%的人报告了抑郁，时间大多是在孩子出生后三到六个月。[9]父亲的激素水平确实也出现了变化，但更主要的因素似乎是角色上的变化（守护妻儿的工作增多，配偶对自己的直接关注和性兴趣减少）。[10]大脑成像显示，父亲同样能与孩子共情。[11]而高敏感父亲的这部分大脑区域原本就比其他父亲活跃，故可推知，他们更富同理心。当母亲或孩子很有压力时，父亲出于同理心也会倍感压力。

孩子出生后的头三个月，拮据和压力使得所有父母都容易在此期间抑郁。而若孩子出生后有人帮忙照顾，父母则不太可能抑郁——再次证明我的主张：寻求帮助很有必要。这一时期的另一种强烈情绪，焦虑，也在抑郁症中扮演着重要角色。从生物学的角度看，抑郁和焦虑在很多方面都犹如硬币的两面，有时在某些人身上或某段时期内占据主导的是抑郁，有时则以焦虑为主。父亲也可能身受这两种痛苦，虽然程度通常比母亲轻一点。[12]

无论是在孩子出生三个月后还是在整个育儿过程中，高敏感父母都最容易因为压力或睡眠不足而患上抑郁。此外，若你童年不幸，那么我在第二章中提到的高度敏感者所具有的差别易感性，会让你更易抑郁（正如一个幸福的童年会让你不太容易抑郁）。但有意思的是，在我们的调查中，赞同"我的童年很不幸"这种说法的高敏感父母，他们报告的育儿体验（包括抑郁和后悔）并不比非高敏感父母的育儿体验差。

如果你经常觉得抑郁，该怎么办呢？首先，直面它。这不是失败，也不代表你是个差劲的家长。抑郁也会让你产生这样的想法。所以一定要求助！如果你每天大部分时间很抑郁且持续两周以上，你或你的伴侣不妨上网查查看你是否患有抑郁症，其中也涵盖了严重的产后抑郁。可以参考《精神疾病诊断与统计手册》第五版（DSM-5）里的诊断标准或使用贝克抑郁自评量表（Beck Depression Inventory），这个量表网上就可以搜到。但即使你的测试结果并不显著，抑郁可能依旧是个问题——不仅影响你，也影响你周围的人。故而，若你的抑郁症状长期存在，请向周围人求助。因为抑郁的问题非常普遍，针对抑郁父母的支持小组和治疗小组也很多。

还可以求助于擅长治疗抑郁母亲的精神科医生，若她也才生了孩子便再好不过。哺乳期间是否需要服用抗抑郁药，部分取决于抑郁症的严重程度。当然，不少儿科医生都反对服药。他们的患者是孩子，几乎不会询问母亲的精神状态。而一些精神科医生则赞成服药，他们的患者是母亲，更关心她的抑郁症对孩子的影响。你和伴侣也可以自行研究一下这个问题。但如果你的抑郁开始让你认真考虑结束自己或孩子的生命，那毋庸置疑：赶紧求助。

挫败、烦躁、愤怒

我认为高敏感父母在受到过度刺激之际，更容易感到挫败和烦躁。譬如，噪声、杂乱和层出不穷的问题都会让人忍无可忍，濒临爆发。而如果我们休息好了，同样的刺激我们是能够忍受的。

挫败和烦躁也可能是拜我们的完美主义所赐。得益于深度处理，我们可以设想出事情应该是怎样的。当现实与设想不符时，我们会对自己或那些妨碍事情顺利发展的人感到挫败和烦躁。例如，孩子不肯收拾乱丢玩具和衣服，或者不好好学习争取好成绩时，我们就会有这样的感受。

我们的责任心也为此推波助澜。纵然我们做不到尽善尽美，但环顾四周，却觉得其他父母做得很好：教子有方，家中井然有序，一日三餐营养均衡。但高敏感父母在无人帮助的情况下通常做不到这些，他们可能深感挫败、烦躁和愤怒，甚而还觉得羞耻和内疚。

要应对挫败和烦躁，就要接受你和孩子的身心都并非完美无缺。要有心理准备，事情会变得一团乱。要有心理准备，你会让孩子、配偶、朋友或其他人失望，而且可能日日皆然。要有心理准备，他们也会令你失望。孩子很快就会离开家。届时每个抽屉都会变得井井有条，你也能随时随地富于同理心，再不会在沙发后面发现发霉的面包边。但现在，请把注意力集中在最重要的事情上：你爱他们，这才是最重要的。当性格和个人习惯发生冲撞时，我们可能很难顾及这一点。或许你儿子喜欢那种嘈杂的新潮音乐，你一点儿也听不惯，甚而还从中听到了些充满暴力的歌词。或许你女儿和她朋友一样，就喜欢房间杂乱无章，讲究凌乱美。而在你看来整间房俨然就是蟑螂的乐园。

如一位高敏感家长所言：

> 我的两个儿子都是高度敏感者，但他俩的敏感很不一样。大儿子是个性格外向的高度敏感者。我自己不仅高度敏感，还内向至极，宁愿永远不要开口说话。我那九岁大的儿子正好相反。他成天说个没完，哪怕我用尽书里推荐的技巧锻炼他"小声"说话，他也还是需要我提醒他放低嗓门。他说话的声调堪比帕瓦罗蒂！

> 我尝试过自己也喋喋不休地大声说话。似乎多少有些帮助，但问题是我坚持不下去！

> 身为一个爱孩子的高度敏感者，我很愿意听他们说话。但对于我九岁的儿子，我必须学会"充耳不闻"的本领。我把注意力放在他身上，停下手头的事，看着他的眼睛，听他说话。然后我就得把他屏蔽掉。只有听到一些重要的词，有必要听一下这番话，我才会听他说。除此之外，我都充耳不闻。

被孩子搅得心烦意乱的同时，你还可能感到挫败，碍于父母的身份，不得不忍受几乎无法容忍之事。这就需要你调整心态，接受孩子是独立的个体。有时甚至不出一年，他的改变就足以消泯你今日的烦躁。你十岁大的孩子今晚还只吃三道主菜：比萨、奶酪通心粉和鸡块。两年后，他就可能对美食烹饪萌生兴趣。但比萨是你此时此刻仅有的选择。

你该怎么办呢？如上文那位家长提到的，充耳不闻是个法子。你还高声说话，这也是种解决办法。只要你用别人听得清的音量多重复几遍你的诉求，烦躁感就会烟消云散。若将音量分作十级的话——不仅涉及声音的洪亮程度，还包括清晰、直白和有力的程度——高度敏感者往往一开始只会使用一级音量。这种温柔的示意，不具备敏感特质的人根本注意不到。所有等级的音量我们都要学着使用，从一到十，逐级提升，直至确保别人听到了我们说话。很多时候，我们觉得自己的声音听起来刺耳而愤怒，但别人压根没听出一丝怒意。

与此同时，即使我们没做错什么，别人也会觉得我们吹毛求疵，犯不着为一点小事耿耿于怀。但看看你或身边人能否想办法缓和一下刺激你的事情，也别无坏处。孩子长大些后，完全可以学着安静一点。伴侣也可以试着收拾一下地上的脏衣服，让你的居住环境少一分凌乱。

愤怒

愤怒和恐惧一样，通常旨在激发我们的快速反应。哺乳时，宝宝头一回咬了你一口，"哎哟"一声或许是最好的反应。心理学家称之为"单次学习"。但大多数情况下，对于幼儿，我们得控制自己的愤怒。总发脾气的话，孩子也只能学会发脾气这一种表达方式。

我曾在早期的调查中询问高度敏感者是否经常强压怒火，一般而言，他们不会这么做。我有时认为会发火的高度敏感者比较幸运，因为他们往往能设定明确的界限，并让别人知道他们的需求。不过，我料想高度敏感者生气时的快速反应是开始**思考**。我们确实着急，不过是急于处理！我们留出的处理时间越多，最终的行动就越周全——尤其是应对青少年，不过其实应对任何孩子皆是如此。

最要紧的是，记住，你的忍耐力与之前遭遇的过度刺激水平有关，你得竭尽所能地将刺激控制在一个适合育儿的水平上。若你累到控制不住自己的脾气，请找人帮忙。

下面是一位高敏感母亲应对愤怒的方式：

> 上个周末，孩子们各请了一个朋友来家里过夜。我的继女发现有人在她的作业本背面写了个骂人的词，情绪崩溃了。她声嘶力竭地大喊大叫，其他孩子则在一边哈哈大笑。于是情况不妙了。我的弦断掉了。我受不了

了。火山爆发！我几乎是泪流满面地退回（好吧，溃逃）至自己的房间，戴上耳塞，关掉灯。我顾不得留下丈夫一个人应付那些孩子，我只知道我已经没能力管这些了。

马歇尔·卢森堡（Marshall Rosenberg）论述非暴力沟通的著作[13]，我也强烈推荐。概言之，就是每个人都有权满足自己的需求。需求促使我们活下去。而愤怒则源自需求受挫。所以首先要弄清你现在的需求是什么。安静？空间？尊重？食物？安全？其次，如果别人生气了，他愤怒的背后又有何需求？如果对方不知道，立马发挥你的同理心，帮助他认清自己的需求。通常，无论是孩子还是成人，只要意识到你是真心实意地想要理解他的正当需求，他自然就会平静下来。然后你再说明你的需求。如此这般（需要练习），通常都能满足双方需求，解决争端。轻而易举。

假设你儿子偷吃了晚饭后才能吃的零食。你明知故问，零食怎么不见了。他拒不认账。你很生气。这种情况已经不是第一次了，于是你认为"他撒谎成性"。但你没有发作。**你有何需求？**你想培养孩子诚实做人，不想没完没了地和他争。

现在问问你自己：孩子有何需求？他饿了吗？想吃糖吗？也许该多给他一点自主权，让他选择自己需要的东西？在他真的想要什么东西时，多尊重他，或者起码也要理解他？他现在害怕你的反应和他应受的惩罚。

于是你说："我知道你当时肯定很想吃点甜食，你可能也不喜欢晚饭后才能吃甜食的规矩。但现在你很怕我处罚你，因为你不仅违反了晚饭前不能吃甜食的规矩，还撒了谎。你肯定有些害怕。"

你的理解会让孩子如释重负，敞开心扉吐露自己的感受，说出他对零食的喜爱和这些规矩的不公之处。你同他谈论这些感受，做出合理的解释。接着就该你表态了："你得让我知道你会遵守我们共同定下的规矩。我要能相信你才行。如果这个规矩你无法遵守，那我们怎样才能制定一个你可以遵守的规矩呢？"然后便是协商。

　　就像我之前说的，如果你的脾气或其他情绪即将在孩子面前失控，特别是你觉得自己可能会动手或做些其他可怕的事（比如威胁要抛弃孩子），最好将孩子和眼下的状况一并交给其他人处理。如果只有你一个人，哪怕要让孩子暂时自己待会儿，你也得离开房间。我很少发怒，但我清楚地记得我冲儿子发过两次火。一次是在他八岁左右，他表现得"不可理喻"，我打了他。虽然只是一巴掌，但我俩都吃惊不小。我确实扇了他。如果你在公共场合火冒三丈，有时最好能走开一会儿，但别让孩子脱离你的视线。

　　对心爱的小宝宝生气。卢森堡的建议要求孩子具备语言能力和一定的讲道理的能力。小宝宝可听不懂你的需求。他只顾自己的需求，有时还会为此一连哭上好几个小时（我们为了解释这种现象，以之为腹绞痛）。宝宝也可能不哭不闹，因为你成天都在满足他的需求，但得不到一句感谢。好在他睡得多，清醒时也忙于吵吵闹闹地满足自己的需求和情绪，似乎注意不到你在生气。但婴儿**确实**能在一定程度上感知你的情绪。你不需要把他保护得严严实实的，无论你再怎么保护他，他仍会感受到你的一些情绪。所以你要尽量想方设法控制自己的消极情绪，比如尽可能地满足自己的需求，转移注意力，每天出去走走，放长眼量（"过了这一年就好了"）。还有最重要的是，身边要有人帮你分担，哪怕只是谈谈心，得到一些宝贵的理解。

　　对闹脾气的幼儿生气。一如我在本章及第二章中提到的，孩子闹脾气对任何父母而言都是极大的刺激和压力，会深切地考验、羞辱和激怒高敏感父母。虽然本书无意讲解育儿方法，但我觉得高敏感父母有必要了解之处，还是会涉猎一二。

　　威斯康星大学的一项研究发现[14]，幼儿刚开始闹脾气时只是轻微的恼怒，理想情况下，你可以转移幼儿的注意力或做出让步，及早阻止事情闹大。提出一些有吸引力的替代方案供他选择会很见效。不过如果事关底线，便不能靠一味退让来解决问题。此外,孩子闹脾气多半有饥饿或疲劳的原因,你怎样转移孩子的注意力或做出让步都防不了这一点。一旦孩子闹起脾气来,你便无力回天。必须等他发泄完了,才能着手解决潜在问题。好在当孩子闹得你忍无可忍时,他往往也发泄得差不多了。平均来看,闹脾气会持续**一分钟**左右。我知道那感觉像是一辈子,而且在该项研究中,有位家长报告孩子闹脾气闹了一个小时。但平均都是一分钟,所以坚持住了。

如果孩子躺在地上耍赖或气得跺脚,则标志着他闹不了多久的脾气,这些都是屈从性的动作。而要是孩子气得跑掉了或拳打脚踢,就会闹得比较久。痛苦、失意或悲伤也可能惹得孩子闹脾气。这种情况孩子会哭得更厉害,闹得更久,因为他意识到自己失败了,失去了一些他认为幸福生活必不可少的东西,他要抒发绝望之情。但因失意而起的脾气可能动静更小,更容易化解。

研究人员发现,孩子闹脾气时,父母做什么几乎都无济于事,虽然绝大多数家长会去尝试。你越是急于阻止,或许就越是在暗示孩子他胜利在望。孩子闹脾气很快会结束,最起码迟早要结束,你只需等待就好。哪怕你所能做的只是忍受,但知道这是怎么回事,心中有数,还是能让你好过一些。

与此同时,阿莱莎·索尔特(Aletha Solter)则认为在孩子痛苦时抱住他、跟他说话,比只是等待的效果好[15],上述研究中的家长可能没有尝试这种方法。孩子会感染你的平静,也不会觉得他被抛弃了。我知道有些高敏感父母早已试过这种方法,成效胜于只是等待。孩子一开始或许僵着身子对你有所抵触,哭闹声也直逼你的耳际,但你会觉得不那么束手无策了,而受到安抚的孩子似也渐渐收敛了哭闹。

对高敏感父母来说,最重要的是吸取经验,知道这种行为很常见,提前有个计划。牢牢恪守你的计划,这样你才不至于被情绪和过度刺激冲昏头脑,毕竟你的感受注定比其他父母强烈。换言之,你可以对棘手的状况进行深度处理,预先在头脑中排演,这样更容易看得长远些,时刻牢记你对孩子的爱。有鉴于此，我认为应对孩子闹脾气或其他形式的愤怒时，高敏感父母有机会做得更出色。

对学龄儿童生气。可喜的是，学龄儿童更讲理了，也不怎么闹脾气了，所以你可以开始采用马歇尔·卢森堡的那套方法了。卢森堡认为愤怒是种有用的内在信号，但仅仅是表达愤怒几乎乃至根本不能满足我们的需求。高敏感父母很善于教导孩子如何有效地表达愤怒，而不伤及旁人。然而，有时我们容易把学龄儿童想得过于成熟和坚强了。孩子总想学着你的样子，取得进步来打动你。因此，如果你能在愤怒情境下保持冷静，孩子也会有样学样，但万一他"失控"了，也不必大惊小怪。

我认为卢森堡的方法给学龄儿童带来的一个好处是，它能让孩子保持一定的唤醒水平，有利于你对他进行品德教育。对于有些孩子，你得口气相当强硬才能吸引他们的注意力。有些孩子处于中间态，你可以像平时那样讲话，表达你的同理心和需求。至于敏感的孩子，他们的不道德感、羞耻感，以及对你的愤怒或惩罚的恐惧，可能导致他们过度唤醒，没法把你的话听进去。

对青少年生气。再次强调，本书并非育儿书。如何教养青少年有很多资料可查，此外你还应该了解青少年大脑研究的最新发现。你可以一边卓有成效地运用卢森堡的方法，一边保持权威的领导地位。你有能力平衡二者。你有办法既尊重孩子的需求，也不忘记自己的需求。你也有脆弱的一面。你的需求或许看上去很幼稚，但也是人之常情。

不过，很多争执都涉及具体的问题或情境，所以你需要搞清楚状况。要是你有的细节不清楚，就得仔细聆听。如果这个问题似乎是孩子认识有误，而你比他看得更透彻（或者说应该看得更透彻），那么务必要说得富有同理心，但也要清楚明白。

无论在何种社交情境中，最能教育孩子的做法是在知道自己犯了错后，认错并道歉。孩子从中学到的东西远胜其余任何时候，他不仅能学到你也会犯错，更能学到承认自己犯了错也没什么大不了。事实上，他会异乎寻常地发现，因为你认了错，别人反而更尊重你了。

不过，每个青少年都难免惹父母生气。或许这样一来，当他离开家时，你就不会那么难以接受了。对高敏感父母而言，真正的问题正是意识到孩子变得越来越独立，很快就要离开家了。所以你一定不能忘了你有多希望他成功，换言之，你得放手让他自己得到些教训。青少年经常因为你把他当成小孩子而勃然大怒，他希望得到成人式的尊重。而有时他又希望被当成小孩，不愿你指望他像成人那样行事。身为父母，孩子的这种状态搞得你左右为难，怎么做都是错，很容易发火。最好仍旧读读相关书籍，提前想好办法，以应对层出不穷的状况。

积极情绪

那么积极情绪呢？不知道我们是不是可以说，高度敏感者在感受到积极情绪时特别孩子气。先来说说快乐吧。希望分享孩子的快乐，甚至可能是高度敏感者本能地想要孩子的一个重要原因。这是你富于同理心、情绪反应丰富带来的好处。当孩子第一次看到阳光照耀在绿叶上，看到树枝随风摇摆，看到花团锦簇的胜景时，你也陪他一起领略，心意相通。他过第一个生日，第一次真正理解节日的意义或拆礼物，第一次度假或去迪士尼乐园，你务必要抽出时间尽情享受这些时光，不管其中一些活动充斥着多少刺激。

欢笑是你与孩子共享的另一种情绪，你与孩子之间的欢笑也许多于其他父母。你更能领会他那些或微妙或幼稚的笑话，你自己也会有更多笑话彼此逗乐。还有好奇心——我认为高度敏感者往往很好奇事情是怎样运作的，它们为何会是现在这样，将来又会如何变化。而孩子也是如此。你与孩子心有灵犀，能注意到孩子展露出的好奇心，与他共享这份好奇，而其他父母或许根本不会留意。

教育孩子也其乐无穷，由于你擅长深度处理，你或许会给出一些更有深度、更有创意、更有意思的回答——前提是你不累的话。

毋庸置疑，享受积极情绪时也需要注意休息！这条底线始终不变：高敏感父母休息好了便是最棒的父母，如若不然，则很难带好孩子。情绪调节对于神经系统而言是项体力活，而你的神经系统在这方面会更为辛苦。它巨细无遗地处理所有情境，体谅孩子的感受，也体谅你的感受。你天生就很擅长这样。只需给自己一个机会就好。如果你觉得自己存在严重的情绪障碍，请寻求帮助。

第六章

驾驭密集的社会交往
从接触老师与其他家长，到应对好心的亲戚与医务人员

真希望我在怀孕时就了解到高敏感特质，这样我就知道该如何应对社交问题了——从那些迫不及待想来探望我的人，到每一个给我育儿建议的人。

在我们的调查中，有一项表述高敏感父母显然比没有这种特质的父母更为认同："身为父母，不得不结识新人（其他孩子的家长、老师等），我很不适应。"我之所以写下这项表述，正是因为许多高敏感父母都跟我说，他们对不得不培养或是多少要应付的各种关系感到不适，仅仅是做了父母就受到诸多关注也让他们不适。即便是性格外向的高敏感父母也抱怨家长得没完没了地应酬，因为他们也同内向者一样需要时间安安静静地休息。从怀孕直至孩子上高中上大学，在高度敏感者看来，别人似乎觉得围绕孩子与父母展开社交近乎他们的权利，理所当然。就连陌生人也不例外，他们会过来夸一夸婴幼儿，然后往往就开始提出一些建议或谈论自己的育儿经验，仿佛他们本来就在讨论这些话题似的。我想这就是谚语说的"养好一个孩子需要集全村之力"（take a villiage to raise a child），但或许在那些村庄里，人人都知道哪些父母高度敏感，于是也就清楚什么时候最好不要去打扰他们。

除了烦人的额外社交刺激之外，要是你没能与另一位家长或其他喜欢你家小孩的人聊得火热，一见如故似的，别人可能觉得你冷漠、羞怯乃至不友善。因此，不少高敏感父母生怕他们要是"不合群"，会损害孩子的声誉。

诚如一位高敏感母亲所言：

> 我怕我会让女儿难堪，不让她每天带朋友来家里玩，她会抬不起头。其他家长该怎么想我？

当然，你在养育孩子的过程中遇到的一些人，可能成为你的毕生挚友。共同经历重大生活变故或困难时期的人会变得非常亲密，他们风雨同舟、分享心得，最重要的是给予彼此情感支持。这也是你很难将所有这些潜在关系统统拒之门外的一个原因，当然你也不应该老是拒绝。和其他家长打交道，能遇到形形色色的人。选择多如牛毛，很容易从中找到价值观、兴趣、性格与你相似的家长。其他高敏感父母尤其值得结交，你没准能认识几个终身的朋友。

不过，即便是和朋友相处，也可能造成过度刺激。所有高度敏感者都觉得社交特别具有刺激性，因为无论我们愿不愿意，只要是在社交，我们都会在感同身受的基础上，深度处理别人说的话以及我们的回复。此外，我们还会注意到社交环境、社交过程以及社交对象身上的所有细节。凡此种种皆意味着社交刺激可能是我们生活中最大的刺激来源，因此也是我们遭受过度刺激的主要源头。

所有社交都带有情绪色彩。上一章我们讨论了恐惧、悲伤和愤怒，这些情绪通常都因人而起，但有些情绪是专门的社交情绪，譬如内疚和骄傲。（"爱"和"喜欢"严格说来不算情绪，而是与人相处的动机，能引发诸多情绪。）现在，我们先来看看四种社交情绪，然后进入具体的情境分析，譬如在小朋友的聚会上与其他家长交流，与老师、教练、儿科医生以及其他与孩子有关的专业人士沟通。

社交情绪

只要你和别人在一起，就会产生社交情绪。这些情绪包括羞怯、内疚、羞耻和骄傲。熟练地识别和应对这些情绪很是重要，而且对你来说可能也相当容易。事实上，我接下来要讲的内容不算新鲜，但也无妨再听一遍。

羞怯

结识其他母亲实在太累了，简直快让我灵魂出窍了。每次去学校参加活动，那些噪声、孩子、没完没了的担忧和防范，让我难以承受。

万幸我很喜欢我儿子朋友的母亲，但我总觉得自己有些格格不入，好像不招人喜欢似的。

羞怯是对社交评价的恐惧，可能导致社交排斥和孤立。高度敏感者经常出现我在《天生敏感》中所说的那种"不自觉的害羞"。成为父母后，你有很多害羞的机会，因为周围有许多与你相似却又完全不同的人。你可能静静站在足球场边线旁，远离那些大呼小叫、说三道四的家长。没准你也试过融入其中，但回家后却倍感疲惫。又或者，出席新生家长接待会时，其他家长聊起天来，仿佛相交已久。而你可能已经觉得刺激过度，仍只是从旁观察，把一切都看在眼里。但紧接着你开始担心自己不属于这个群体——这是人人都有的深层恐惧——或是担心别人觉得你很奇怪。于是，你找到一群人参与他们的谈话，但即便只是稍微有些过度唤醒，也让你不知该说些什么好。事后，你觉得自己有社交困难。

于是你就陷入了不自觉的害羞之中：你可能开始避免接触其他家长，而他们正逐渐形成一个亲密的社交圈。结果，当你不得不和他们在一起时，你的唤醒水平更高了，因为不管你采用何种社交技巧，都难免自我怀疑。再次重申，羞怯是对社交评价的恐惧，你至少在某些家长面前会觉得羞怯。并非每位高敏感父母都是如此，但进入一个新的社交群体时，你们大多数人可能出现这种状况，别人会比你更快结成纽带（甚至形成小圈子）。他们置身新群体中时，不会像你一样受到高度刺激。实际上，对他们来说这样的刺激强度可能恰到好处，所以他们能和其他家长聊得不亦乐乎。

你之所以害怕社交评价，可能还因为你知道你的体验与众不同，大多数家长似乎觉得养育孩子并不难，而你却觉得多少有些困难，乃至异常艰难。你与孩子之间有很深的共鸣，也可能让你感到与众不同。这看起来似乎是件好事，但别人或许认为这是过度保护或过度参与。你研究发现的育儿方法或营养信息，他们可能嗤之以鼻，觉得太麻烦了。这些比较和怀疑本身就是引发羞怯的另一个主要根源，因为我们会对它们进行非常深度的处理，很容易滚雪球似的衍生出更多比较、怀疑和别人的评价，这些评价有的是真实的，有的是我们臆造的。

担心别人觉得我们好不好是很自然的事。这是人类生存方式的一部分——加入部族村落，遵守规矩，避免被驱逐。我们必须知道社会对我们有何期望。你一旦踏入"父母"这个群体，就要面临各式各样的期望。但在意这些期望，就注定会开启比较模式，而开启比较模式意味着你会处于我所说的"排序状态"。你是优，是次，还是平？是赢，是输，还是和？

我在《每个人心中都有一个被低估的自我》一书中写过，人类——事实上，所有社会性哺乳动物皆是如此——有两种社交行为：排序和联结。当我们对别的个体或群体感到亲切和依恋时，我们通常不会拿自己去做比较。而当我们在琢磨谁好谁不好时，其实就是在排序。再次强调，比较和排序都是天性。观察一下狗、马、猫、鸡或其他社会性动物，它们也都会排出个一二三来，从而避免次次都要为谁先进食、谁有权与最漂亮的雌性交配而大动干戈。

但是，排序的感觉不如联结那么好。喜欢别人，尤其是某些人，并让他们也喜欢上你，这种感觉自然好得多。所有社会性动物都会交朋友。故而克服羞怯的另一个法子是尽量多联结，少排序。尽可能地友善待人，特别是对你喜欢的和可能喜欢你的人。让你的排序行为渐渐消退。对于其他家长，我们为何一定要去排序呢？难道我们不都在尽力而为吗？不错，有些人似乎就是想争当史上最佳父母，十分热衷排序，让别人自愧不如，但你知道他们有他们自己的问题，敬而远之就好。

在其他家长面前感到羞怯该怎么办？

- 要注意谁在排序，避开那些人。尽管让那些"排序者"去操心谁是第一好了，与你无关。

- 真诚地与他人建立联结：微笑，眼神交流，对对方说的话感同身受，哪怕只是一句"天啊，我好累"。你也可以说："是啊，真是辛苦你了。"然后提供一些小小的帮助："给，想坐的话，可以坐下歇会儿。"如果你和这个人有点交情，也喜欢他，可以接着说："很高兴在这儿见到你。"

- 留意社交场合中行为退缩的其他家长，试着结交。可以聊聊这种场合有多容易让人觉得刺激过度。你没准能发现对方也高度敏感或内向，乃至是个内向的高度敏感者。

- 和你碰到的高敏感父母做朋友，以后要参加活动，就和他们一起去。

- 尽量避免加入人数众多的社交群。待在小圈子里就好，特别是圈子里有些熟人的话。

- 如果不得不与人聊天，提前想好话题——可以讲些大家都经历过的育儿趣事，不过别提那些有争议的部分。然后让对方说话，你只需饶有兴致地听着就行。（有个秘诀你可能早已掌握：人们喜欢谈论自己的孩子，会对倾听的人产生好感。）

- 融入一个群体时，先和你最熟悉、最喜欢的人交谈。不要一进门就站在一旁，等别人来招呼你。

- **或许**可以主动承担一个没有太多实际工作的领导职务。这样能吸引别人来找你，赋予你一定的地位，如同群体中真正的一分子。

内疚

　　每年十二月和六月，学校都有很多活动。孩子和老师都希望我去参加，认识些别的家长和孩子。我光是上班已筋疲力尽。但我觉得不该拒绝孩子——为什么我就该把精力全花在工作上，反而拒绝自己的孩子呢？

另一位高敏感母亲也讲述了她的内疚感：

　　我"害得"孩子们缺乏社交，这一直是我心头的痛处。

　　在人类社会演化的进程中，些许短暂的、应有的内疚感或羞耻感，能卓有成效地规范个体行为，使他们与群体内的其他成员和睦相处。例如，假设猎人不肯将他猎获的肉食分给孕妇、老人和小孩，他便必须为此感到羞耻。高度敏感者必定特别善于自省，一旦发现自己即将越过公认的界限，就会在别人发现之前，及早调整自身行为。但我们也因此特别容易长期感到内疚和羞耻。

　　内疚是我们自认**做了**错事时的感觉。我们希望能够弥补，获得原谅，今后努力避免再犯。它不像羞耻那样带有回天乏术之感，将核心自我贬得一无是处。（长期内疚可能近似羞耻。）高度敏感者之所以容易内疚，是因为我们能够巨细无遗地想象出，自身行为可能给别人造成怎样的不便或不快。天性使然，我们总希望下次做得更好。除非小时候大人就知道我们很容易内疚或心生羞耻，否则我们的童年往往如此，以至成年后也更容易产生这些情绪。

　　养育小孩又让人多了很多机会内疚，特别是高敏感父母。父母感到内疚是常有的事。你不可能满足孩子的所有需求和愿望。你可不是"慈善家"。在家里，我们带孩子非常吃力，可能影响到伴侣，所以也会为此内疚。在外面，我们也不像其他父母那样，有那么多时间去会朋友。我们不能将全副心力放在工作上，因为肩上还挑着父母的担子。在疲惫不堪时，我们往往怠慢别人，心浮气躁。因此，我们不可能有求必应，总是充当家长志愿者筹办各种活动。我们常比别的家长收到更多请求，因为我们做事尽善尽美，更从未说过（也可能是说不出口）一个"不"字。我们一旦说"不"，就会内疚。

该如何应对内疚呢？

- 和别人把话说开。他们真认为你做错了吗，还是各有各的看法？
- 琢磨一下别人是否有意想让你自责内疚，以便随心所欲地支使你。
- 如果你真的犯了错，是不是也属人之常情？究竟造成了多大伤害呢？你或许开始觉得自己不必这么内疚了。
- 发挥你的同理心。从第三者的角度来看看你犯的"错误"。是否仅是误会一场呢？有所误解怪不得任何人。信息从你口中、电脑或其他媒介传达出去后，并未如你所愿表达你的本意。只要双方都是在真诚地沟通，就谁都没有错。你说"如果条件允许的话"，可以帮对方看孩子。对方以为你这就算答应了。你说的是一个意思，对方听到的却是另一个意思。犯不着内疚。
- 真的错了就接受相应的指责。为此难过一阵后，想想今后当如何补救，避免再犯。对方通常以为你会大肆辩解一通，所以接受指责往往能让人刮目相看："我知道你把这事交给我了，我也说了会尽快，但你说得对，我一直拖到现在。"然后要么表明你会去做，要么坦言你做不到，该早点跟对方挑明。
- 想想自己是不是无意间犯的错。比如，高度敏感者有时会碍于情面应下一些事，但实际上并不乐意，最后往往就忘记了，没有兑现。但凡我们的行为异乎寻常，通常都意味着我们潜意识里的动机与我们有意识认可的动机相左。这种情况，从某种意义上讲，你也是有责任的，因为你心口不一。你的责任在于你不知道自己真正的需求和感受，这正是你有待改进的。

- 有个朋友建议我列个简短的名单，列出大约十人，在他们需要帮助或是碰上一些特殊日子时，比如他们的孩子结婚，我一定有求必应。你的名单上还可以出现一些事业或组织，只要对方急需帮助。为了名单上的人，你可以找人替你看孩子，不远千里地赶过去。而如果对方不在名单上，帮与不帮你就比较容易问心无愧地决定了。

- 不必太介怀在人际关系中犯的错，包括亲子关系，真正值得关注的是你处理错误的方式。心怀歉疚时该怎么做，你要为孩子树立榜样。与其辩白，不如认错——比如，尽量避免在争执中变得怒不可遏，碾压孩子的感受。相反，可以说："我确实没有好好听你说话，是吧？我很抱歉。"可以的话，试着弥补——譬如重新谈谈之前的争执，这次要认真聆听孩子的想法。

- 最重要的是，要原谅自己。我们并不完美。想想你付出的努力。想想有那么多人打心眼里爱你、尊重你，包括你的孩子，他们会原谅你，也希望你原谅自己。

羞耻

我无法为孩子和丈夫营造一座温暖而安全的堡垒。随之而来的羞耻感，只会使问题雪上加霜。为什么我没法解决这个问题？为什么我不能振作起来？

很多时候，我觉得自己根本不配做母亲，我给不了他们应该拥有的一切。譬如，孩子们很喜欢大型聚会，而我们很少邀请朋友来家里吃饭，因为我承受不了那么多压力。孩子过生日的时候，我们**才会**为他们大办特办一场！但这就够了吗？

　　羞耻类似内疚，但比内疚更甚，因为你会觉得（但愿是暂时的）自己浑身上下一无是处，而不仅仅是哪件事做错了。人们对羞耻讳莫如深，连提都不愿提。但许多行为背后一直都隐含着羞耻——遵纪守法，举止得体，彬彬有礼，逢迎讨好。为避免蒙羞，我们还会为自己开脱，责怪别人，声称没什么大不了的，或者今天自己只是"不在状态"。稍加留意的话，你一天到晚都能听到各种避免蒙羞的借口。我们说有些人说话很"戒备"，其实就是指他们在保护自己不受羞辱。

　　我深信高度敏感者比其他人更易感到羞耻，出于同样的原因，我们也更易内疚——我们的所有情绪体验都更强烈，而且生来就会先小心翼翼地观察，再采取行动。我们天生对犯错很警惕，但若过于介怀，难免觉得自身存在很大的问题。通常，其他人也只是在帮倒忙。我们是少数，别人往往只看到我们这种特质的缺点，比如抗压能力差。他们对我们抱有偏见，从而又让我们觉得自己的核心自我一文不值，起码在别人看来一无是处。最后，糟糕的家庭教育对高度敏感者的影响更深，比如靠羞耻惩罚我们，不过我们的羞耻感也可能来源于备受忽视、太过孤独或是不受人爱。虽然听起来可能不合逻辑，但羞耻感自幼就激励着我们努力争取自己需要的爱与关怀。

　　养育小孩给我们带来了很多新的羞耻的理由。造成这种情况的其中一个原因是，别人会给我们建议。哪怕是些微不足道的建议，似乎也在暗示我们有什么地方做得不对。对于给出这种建议的人，能避则避。如果避不开，可以试着告诉对方："我很高兴这个办法适合你，但我认为好的教养方式不止一种。"

　　如果对方变得有所防御（心生羞耻），试着"化解羞耻"，别揪着不放，愈演愈烈。你可以说"没错，我们有时都会这么做"或"这事我也做过"之类的话。我认为高度敏感者可以教别人化解羞耻，成为个中翘楚。这点对于孩子也很重要。如果你让孩子感到羞耻了，可以说："我记得我小时候也做过同样的事，再平常不过了。"或者说："我完全理解你的想法和做法。事情都过去了。算了吧。换我也这样。"

如果你在解决不同的问题时会尝试不同的方法，就可能犯些看似永远无法抹消的错误。身为父母，你的内疚会上升为羞耻。可惜，羞耻并不能改善你的教养方式，因为你会变得犹豫不决，不知该不该相信敏感性所带来的优势。

心生羞耻，把自己的核心自我看得一无是处是**毫无意义**的，哪怕这种情绪难以克服。人皆**各有价值**。你懵懂而敏感地来到这个世上，主要是为爱而来。大多数你感到羞耻的事，都超乎你的控制。不能怪你。你的核心自我并非一文不值，也绝不会一文不值。不错，无论你遇到什么问题，你都有责任去解决，但你没有义务背上"自作自受"的重担。

然而，羞耻相当不讲理。你需要透过第三者看到真实的情况——**合适的**第三者。你的伴侣或朋友也许帮得上忙。但其中有些人也可能让你愈发羞耻。或许我写这本书的最大初衷是想借其他父母的例子来表明你并不孤单，即便你常常情绪消极，也不必引以为耻。所以我强烈建议你至少要结识一位高敏感家长或相关团体。你一个也找不到？那就自己组建一个线上或线下的小组吧。当然，你和其他高敏感父母也不尽相同，但最重要的是你能借此看清自己很正常，你的核心自我绝非一无是处。

要是你经常感到羞耻，可能需要积极想办法解决这个问题。许许多多的专业人士都可以为你提供帮助——不仅是心理治疗师，还有相关书籍和课程。羞耻牵扯出的问题非常庞杂，几乎形成了一个小产业。而针对高敏感父母，我的建议是：

- 控制你的完美主义倾向。学着不要苛责自己。
- 关注自己做得好的地方。就像应对内疚一样，想想那些爱你、尊重你的人。
- 想想你的羞耻感在新的情境下，是否多少又绕回了对自身敏感性的羞耻。请换种思考方式。
- 想想其他能够理解你的敏感性的家长，无论他们是存在于你的生活中还是记忆中。

- 想想所有高敏感父母，包括过去的、现在的和将来的。我想他们很能理解每位高敏感父母都是不同的，也包括你，但你们都在一项异常艰巨的任务中表现得非常出色。

骄傲

骄傲是种美妙的社交情绪。你常常为孩子感到骄傲。当然，骄傲也可能是种比较，需要排序。我说过排序是人之常情，我们必然会这么做。唯有烦恼自己没有处于领先地位或担心别人超过我们，排序才令人不快。为避免这种情况，请记住你是在为别人——为你的孩子骄傲。你可能也骄傲于自己的教养方式，但主要仍是在为这个独特的生命而骄傲，他真的与你完全不同。鉴于高敏感父母的感受性更强，我们的骄傲感也会更强烈。多好的礼物啊！

当然，你依旧得分清自己和孩子之间的界限，记住这是**他们的**成就，不是你的。否则便是一种自恋，父母几乎将孩子视作自身的延展，仿佛孩子就是自己的手一般。但我不太相信高敏感父母会轻易变得自恋。从某种意义上说，自恋与共情势如水火。借由共情，我们能深切体会对方的感受，而自恋，则几乎容不下对方的观点或感受。

各式各样的社交情境

我们必须面对现实：首先，你很容易受到过度刺激，尤其是参与家里家外的各种社交活动。其次，你天生会对社交关系产生强烈的情绪反应。最后，下面探讨的这些社交情境你不可能逃避也不愿逃避，所以我们就来看看该怎么做才好。

其他孩子的父母、互助小组、小孩的聚会等

记住：大多数人不了解频繁参加社交活动对你来说是种烦恼。你没准能找到其他理解你的高敏感父母，但多数情况下需要自己想办法应对。现在有很多家长互助小组可供你挑选，当然，不是非加入不可。但决定要加入的话，就多试几个，直至找到一个有其他高敏感父母参与的小组。

如果孩子年纪还小，又要去参加小朋友的聚会，你多半会在孩子玩耍时和对方的家长聊天。有时你可能需要这么做，不过要是精力不济，也不妨找个借口待在车里。你可以说自己有些不得不看的文件，但若有需要的话，你就在附近随时待命。对方的家长没准也能松一口气，去做点自己的事。如果你们沟通好了，或许你今后也会乐意多像这样带孩子出来玩几次。

如果孩子特别喜欢和某个小朋友玩，但你恰恰又和对方的父母处不好该怎么办呢？或许可以由伴侣、朋友乃至邻居替你应付这些聚会。

孩子参与社团活动、游戏和训练时，如果你想陪着他，可以带本书去，在远离人群的地方，铺张毯子席地而坐，然后尽管做你自己的事，等孩子真正上场的时候再注意观看。事后，要评论一下你的所见，好让孩子知道你确实关注着他。

社交媒体既能缓解也能增加父母的社交刺激。你可以借此与他人保持联系，受到的刺激也会小很多。然而，使用社交媒体的主要问题在于，可能因无法理解言语背后的感受而产生精神压力，而高度敏感者容易对臆想中的轻蔑和批评做出过度反应。此外，长时间浏览社交媒体也会造成过度刺激，尤其一心多用的话。

至于志愿活动：

- 就算你并未出去工作，并未觉得特别有压力，也要有节制地参与孩子学校或社团的活动。你的敏感性**就是**原因。

- 只承担你喜欢的工作，而且一定只公平地承担与其他家长差不多的工作量。

- 别人并不知道你是否负担过重，是否只是迫于压力才勉强答应。知道自己承受不了时，请直接说"不"，以免他人给予你太多压力。

- 记住，做志愿者都是以心意为本。你**是**志愿者。你所做的事，只需帮上了忙就好。

- 记住，虽然有些活动听起来乐趣无穷，但你得好好想想在狂欢节摊位守上一整天或是陪孩子参与一天户外教学后，你究竟会作何感受。或许值得，或许不值得。

- 记住，非高度敏感者轻轻松松就能完成你无法承受之事。尽管让他们上好了。

- 你可以说："以我们眼下的生活状况，恐怕做不到。"还可以说："让我考虑一下，回头再答复你。"

育儿各个阶段的社交生活

　　每个育儿阶段的社交生活都各有各的酸甜苦辣。家有婴幼儿时，父母最大的问题往往是社交孤立。这时，你想和朋友、邻居、亲戚多聚聚，或是参与互助小组，结识育有同龄小孩的母亲。此外，在这一阶段，你参与的多数社交群体围绕着孩子，常常讨论孩子和教养方式的问题。你不由自主地拿自己与别人比较。亲戚最是会毫无顾忌地教你如何养育小孩。在这些问题上，每个人都有不同的观点，每个人都有不同的小孩。高敏感父母尽量不要深度处理所有这些意见，不必在各个方面都要与其他父母一较高下。不断提醒自己，你和孩子都独一无二。唯有你最了解自己和孩子。当然，出现问题时，你肯定想听听别人有什么好主意。但如果不适合你，大可置之不理。放诸四海皆准的教养方式只是个神话。

学龄儿童给你带来的社交义务最多。你必须根据自己的精力设定界限，就像我们说到内疚时探讨过的那样。孩子上学后，你可能也有了更多精力，但你没准已经回去工作了，或是开始培养你喜欢的爱好，放松身心。请记住，生儿育女并非所有人的人生使命。或许是时候让孩子明白你和你的家人各有各的不同之处了，有时乃至他自己也不例外。把这当成一个机会，教导他勿随波逐流。一个人确立自己的生活重心后，就要努力坚持下去，甭管别人多希望你像他们那样生活。

一位高敏感母亲讲述了她在孩子上学期间的社交经历：

> 我现在最大的烦恼是我的大女儿天天都想和朋友一起玩。而我下班后很想休息。我俩的需求相悖，我压力很大也很难受！我们的解决办法是她每天都可以和朋友在外面玩，而每周有一天，她可以带一个朋友来家里玩。这显然不合她心意，但她还是会遵守规定。

另一位高敏感家长表示：

> 交友并非易事，不然我儿子也应该有很多聚会要参加。我儿子年纪偏小，周围所有男孩都比他大，比他成熟。他只有一个朋友，几乎没怎么参加过小朋友的聚会。小朋友的聚会把我累得够呛，我满脑子想的都是"这活动到底什么时候才能结束？"。儿子长大些后，我可以把他留在他朋友家，过两个小时再去接他。我不知该如何向人解释我的这些感受——我觉得没有人能理解。

家有青少年的话，可能更容易免除一些社交义务。但这一阶段或许更有必要结识孩子朋友的父母，这样你们才好就门禁、嗑药、饮酒和策划派对等事宜达成一致意见。你必须搞清楚，你是否和其他家长意见相左。这个年龄段的青少年可能不希望你去见他们朋友的父母。或许可以大家齐心协力，两家人或几家人一起组织些有趣的活动，比如游戏之夜、野餐或远足。

老师

对于有的父母来说，与老师打交道可能最叫人望而却步，因为老师对孩子的健康成长尤其重要。而身为高敏感父母，可能光是想到要与老师打交道就会大受刺激，特别是你以前与老师相处得不好的话。因此，首先，你可能需要注意一下自己对老师的看法。这些看法往往源自你的童年，或是你打过交道的其他老师。

一位高敏感家长表示：

> 我家孩子临上学时，我的压力不仅是找学校，也不仅是研究哪个城镇的教育资源最好，而是还要与教职人员打交道。每次开会，我的敏感性都会爆表。我每次开会都忧心忡忡，仿佛置身显微镜下那般不自在，总想开溜。见过学校老师后，我一回家就躲进属于自己的角落。每件事都压得我喘不过气。

也许你把老师理想化了。我小时候就是这样，现在也依旧如此。我认为他们的工作举足轻重。但他们也是人，通常还很年轻（小时候看起来他们倒是都年长而博学），不似你想得那么有经验。你也可能不怎么喜欢老师。小时候他们可能老找你麻烦，并不理解你的敏感。还有的老师或许并不适合干这行。

无论你以前与老师相处得如何，都要摆脱过去的印象，将你要打交道的老师视作一个平等的成年人就好。你并非"矮人一截"，哪怕你因为孩子处于弱势而觉得自己也处于弱势。你也不应该表现得"高人一等"，尽管在某种意义上，你确实如此。作为家长，你可能给老师带来相当大的麻烦。不过既然你的目标是要平等地与老师交流，尊重彼此的独特性，那么不妨提前了解一下对方。每次见面，都闲聊两句增进"联结"。或许你曾撞见过他遛狗（养狗的人都很爱谈论他们的狗），不然称赞一下老师布置教室的方式也行，尤其是其中展现出了对方的爱好或才能的话，更可引为谈资。

　　但请记住，老师的工作极其繁重，某些苛刻的家长足以成为他们最大的噩梦。所以如果你想让老师知道你不是"那种"家长的话，明智的做法是，在你们交流之前，哪怕只是简短交流（我强烈建议你长话短说），多留意一下老师是否显得为难。你或许可以说你理解他们工作的辛苦，表达一些感激之情。这才是真正的同理心！

　　在你们"进入正题"后，交流也要基于同样的认知，不要显得"矮人一截"。（你的工作也很辛苦。）感谢他们抽出时间听你说话。（我知道你天生讲礼，但有时会紧张得顾不上礼数。）不要讲些无关紧要的孩子的趣事。确保你的每句话都有的放矢，多提供些信息协助老师教育孩子。

　　高敏感父母觉得最棘手的情况，恐怕当属你对老师的能力产生了怀疑。这通常都是因为孩子跟你说了什么。可以的话，试着和那位老师接触一段时间，弄清到底怎么回事。使出浑身解数——你友善的态度、闲谈的能力，还有设法将话题扯到你关心的问题上去的策略——避免说话太过直接，引起老师的戒备。老师和所有人一样害怕被羞辱，尤其是家长暗示他们不称职。他们要维护自己的声誉，担心这些事传到管理部门或其他家长耳朵里。认清对方的软肋所在。别让这些令人蒙羞之事四处流传，这可能会害得别人也开始说你的闲话。如果你对某位老师确有意见，请与班上其他孩子的父母谈谈。然后你们可以集体向管理部门提出你们的顾虑，注意不要评论老师的整体人格。针对班里的事就事论事。记住如果你暗示这样的老师不配为人师表，管理层也会因此蒙羞。这可能意味着有些管理者尸位素餐。只陈述你所观察到的情况就好，其他的让他们去解决。

　　顺便说一下，想要解雇一位老师并非易事。你的上上之策是避开有问题的老师，提前了解一下高年级的老师，确保孩子之后不会被分到那种多数家长对老师颇有微词的班级里。你对此自然有一定发言权，毕竟，你是客户。但不要直接提要求，你可以暗示孩子在某某老师的课堂上表现得最好。如果你和孩子念低年级时的老师关系不错，或许可以拜托他们帮你跟校长说说。

虽然本书的旨趣不在于养育高敏感儿童，但既然你对性格有所了解，那么无论孩子性格如何，你应该都很清楚。你或许有充分的理由想跟老师说说孩子的性格，但须知大多数老师所受的培训并不包括要顾及孩子的性格。不过，无论是否有意为之，他们都对孩子有所观察。因此，在刚开始提到孩子的性格时最好说："相信你早已注意到，有些孩子和我家的孩子一样，比较［活泼、安静、不专心等］。"然后从行为上描述孩子的性格，询问老师在课堂上是否也注意到了这些行为。接下来，你们便可以集思广益，思考如何为孩子营造一个合适的环境，不必论及老师可能不甚了解的性格问题。

老师往往担心顾及每个孩子的差异性，会加重他们的工作。所以，你必须表明顾及你的孩子的性格，会让他变得更好教。例如，假设你的孩子高度活跃，你可以介绍一下你掌握的方法，先让孩子消耗掉一些精力，再坐下来完成学习任务。

为你和孩子提供医疗服务的人

医生、护士之类的医疗人员，我们以前也都或好或坏地打过些交道。这些经历对高度敏感者来说可能感受尤为强烈，所以你会带着这些历史走入诊室。你仍要记住，他们也是人。只要能平等地对话就好。此外，他们真的非常忙，几乎没有时间与患者交流。他们自有一套准则：闲聊一两句，然后直入主题。他们的工作讲究快速果决，不似你这般慢条斯理、深思熟虑。身为高度敏感者，你会留意自己或孩子身上的所有症状和体征，想统统告诉医生，要是紧张的话，还可能说得有些磕磕绊绊。我建议将你要说的症状列一个清单，在每条症状下面留点空白，好做笔记，表明你很认真。不过很多时候，医护人员听个两三条就不会再往下听了。他们会问些问题。有时，不如先听他们提问。要让他们感受到你不是那种话多爱闹事的患者。最后，再补充两句你觉得他们忽略了的地方。

如果家有婴幼儿，在医疗保健方面，你最需要的是能及时应答的医疗服务。你要能随时打电话过去，尽快找人商量。此外，对方还必须值得你信赖。他们是否会跟进最新的研究进展？（我相信你已经考察过这一点了。但有时最好让伴侣来搜索信息，这样你就不必看到那些骇人听闻的后果，这些你多半是碰不到的。）

孩子上学后，你会认识更多家长，向他们打听打听哪些儿科医生和其他医疗专家比较受欢迎，尤其要重视其他高敏感父母的意见。这并不代表你也一定会喜欢这位医生，也不是说朋友推荐了，就必须要找他看病。但这样做比较省事，不必依靠试错来寻找合适的人选。

你的目标是与一些专业人士搞好关系，直到孩子步入青春期。这些人会非常了解你，无论他们是否真的懂敏感特质，都不会对你的敏感性说三道四。他们还可以帮你的孩子学会如何与医护人员建立良好的关系，从而镇定地接种疫苗和验血等等。你找的医生要能与孩子说得上话，让他们放下心来。

你自己看病也同样可以参考以上建议。你的医生要能意识到养育孩子压力很大，会对你的身体造成影响。或许你可以带本《妈妈的教养观》过去（不要让对方觉得一个好医生必须了解这些，而要表明你只是觉得里面的内容很有意思）。他们需要了解你敏感的性格。你可以像介绍孩子那样介绍你自己，看情况调整说辞："相信你早已注意到，有些人［痛觉敏感，疑问较多，得再三考虑才能做出答复，如有遗忘需要再致电确认］。我也是这样。不过我一向谨遵医嘱，所以长期相处下来，是很好照料的患者。"

在公共场合遇到反感孩子行为的陌生人，你该如何应对

对高敏感父母来说，最糟糕的可能莫过于在公共场合与陌生人发生摩擦。陌生人的告诫或训斥总来得出其不意，猝不及防，何况，我们在大庭广众之下会倍感脆弱。我们无法时时刻刻控制孩子的行为。他们就是爱哭爱闹。

你可以钻研一下在公共场合应对孩子不听话的最佳办法。很多人都写过相关文章。

如果你经常和别人一起外出，譬如伴侣或朋友，那么事先要说好你们将如何携手处理这类问题，抑或索性让对方置身事外，以免火上浇油。如果对方不似你这般敏感的话，但愿他能替你处理这类情况。

此外，还可以提前想好一些辩驳之词，从礼貌、不甚礼貌到尖锐："谢谢你的建议，我留着慢慢考虑。""教养孩子的方式多种多样，你现在看到的就是我的方式。""我现在用不着任何建议或意见，我想明眼人都看得出来。""我想你不怎么了解小孩吧？"

在我看来，如果你竭力而为却力不从心，或是你当时并没向谁求助，那么那些人就只是在多管闲事，哪怕他们自认自己的建议很有用。他们并不了解你和孩子，也不了解此前都发生了什么。如果你真觉得陌生人的评论让你深受打击，你可能需要接受自信训练，乃至自我防御训练。一般来说，这类训练需要进行小组学习，但网上的相关书籍也能教会你不少东西。我曾参加过一个简短的女性自我防御训练课。我们的第一个任务是在旁边人把手放到我们的大腿上时做出反应（之后再由我们对邻座做出同样的举动）。你只需要说："我不喜欢这样。把手拿开。"令人诧异的是，不经过大量引导，多数女性很难说出这句话。或许身为高敏感父母，你也只是需要说一句："我不想听你说这些，省省吧。"

谈论你的敏感性与你的教养方式

有时，说到你的教养方式可能不得不提及你的敏感性。如果对方似乎不认可你的某些行为，那么你一上来就要坚定立场。医护人员认为你过分担忧了吗？你可以辩称："我正试着在担忧过度与重视不足之间找到一条中庸之道。相信这两种类型的父母你都见过。你跟我说得越详细，我就越少担忧。"

你还可以换一种说法："我的担忧影响到你了吗？"要是有人指责你脸皮薄，你可以说："我认真对待你的批评——有什么问题吗？"或是一针见血地问："我的敏感给你造成什么麻烦了吗？"你还有最后的底牌："这就是我这类人的天性，我想得比较多。"（"我会留意一些小事。""我很容易哭。""我和孩子非常同调，这点一直以来都很有帮助。"）

老师可能会说："你对孩子保护过度了。"首先，扪心自问是否如此。高敏感父母有时的确会这样。如果这位老师对亲子问题很有经验，你没准能学到一些有价值的东西。做个虚怀若谷、积极改正的人吧（起码表面上如此！）。

如果你不认同老师的话，觉得他似乎意指你的敏感性，不妨问个清楚："听你的意思，好像是我有什么地方没做好。你经验丰富，我尊重你。我们好好谈谈吧。"但要是你觉得自己是对的，请用真实事例为自己辩护。

有些人你在整个育儿过程中都要与之来往，可能需要和他们谈谈你的敏感特质。但首先要考虑对方的反应。即使你们关系亲密，贸然开口，对方可能仍会因你们之间出现了这种陌生的差异而心生疏远和排斥。在对方听来，你好像在期待什么特殊待遇似的。或许也确有其事，但随着时间的推移，你会愈发自信坚定。首先，给他们时间消化消化。注意如果你的敏感性不成问题，就别用这种特质当借口，逃避为对方做些他喜欢或需要的事。那些为你提供各类育儿服务的人可能乐于了解你的特质，以便更好地为你服务。但少数人势必以之为借口，觉得是你（或我）在胡编乱造，其实是想要特殊待遇。用你的直觉去感知对方是否会是这种反应。

至于你通过各种方式为他们提供帮助的人，如老师或其他家长，也应该了解你的特质，因为这正是你如此乐于助人的原因之一。想想他们从你的高度敏感中获得了什么，然后在说起你的特质时一并提及："你说得没错，我们在一起时我往往比你更清楚你孩子的需求。这就是拜我的敏感性所赐。"诸如此类。用这种方式让他们了解你的敏感特质，激发他们想要保护你的念头，这样你才好继续帮助他们。你需要他们做什么，不需要他们做什么，都要明确地说出来。

顺带一提，如果你想让一大群家长善待于你，可以试着和其中某位性格外向的家长说说你的特质，对方最好非常喜欢你，也理解你的特质。这位家长会替你向所有人美言。

当你向其他你认为同是高度敏感者的人——家长、老师、亲戚——谈论这种特质时，他们通常都乐于知晓这些信息。但别忘了，一开始你自己也存在矛盾心理。他们可能觉得自己被贴上了整齐划一的标签，受困于先天的生理因素，或者发现他们真是自己一直怀疑的那种有缺陷的人。如果他们觉得自己并非如此，没有那么局限，你必须尊重他们，并且永远，**永远**要强调积极的方面。

最后，有些人并不认为所谓"敏感"，是富有同理心、细腻体贴之意，所以他们可能觉得被冒犯了。告诉他们这个词有双重含义，而你指的是对感觉刺激很敏感、倾向于深思熟虑的意思。你可能需要避免使用"善于深度思考"或"富有同理心"等字眼。跟他们解释清楚，高度敏感者若受到触动，自然会流露出同理心，但若处于过度唤醒的状态，则可能毫无同理心。如果他们仍不能愉快地接受你的与众不同，尊重你的特质，那就**拉倒**。

有套简单的说辞可供参考：

> 这是种人与人之间正常的生理差异，约有20%的人会遗传这种特质，实际上几乎所有高等动物都存在这种差异。我们心思缜密，察于微末，感受深刻。

- 你还可以补充（也可以不补充）："从逻辑上讲，但凡留意每件小事并仔细斟酌，任何人都会为其所累。我们确实受不了过度刺激。"
- 如果他们还有兴趣，你可以继续说："这种差异相当深远，影响着方方面面——我们对疼痛、咖啡因、药物、温度、光线和饥饿都更为敏感。我们善于反思，学得虽慢却更透彻，往往异常认真。"
- 如果说到羞怯、害怕之类的话题，你可以解释说，大约三分之二的敏感人士性格比较内向，以便减少生活中的刺激——比起参加集体活动、结交陌生人，他们宁愿有几个密友就好。但也有三分之一的敏感人士性格外向。我们之所以显得害怕或羞怯，是因为我们会停下来观察状况，看起来仿佛畏首畏尾。

- 与别人谈及你的敏感性时，须考虑：
  ◇ 这个人对你和孩子今后的生活有多重要。
  ◇ 你有多少时间来解释敏感性。
  ◇ 对方倾听的意愿如何，他是否应该或者说自觉有义务倾听，不管他想与不想。
  ◇ 搬出科学研究，对你说服目标能有多大帮助，还是反而会帮倒忙。
  ◇ 对方尊重哪些权威。他或许重视其他家长、老师、你的老相识或是像我这种搞科研的权威科学家等人的意见。
  ◇ 别一上来就滔滔不绝。且看看对方是否真的想知道，或许还可以卖卖关子，激发他的好奇心。
  ◇ 对方到底有多大兴趣？注意观察细微的线索，若他不感兴趣也别放在心上。他可能很忙，也可能是想摆出一副早有耳闻的姿态。这个话题（对许多男性来说）还可能有些可怕。

结语

养育孩子带来的社交刺激，对高敏感父母来说委实是个问题，值得细细考虑。你很有创意，一定能找到解决办法。只要你清楚自己的需求，就有权坚持，而且身为高度敏感者，你完全有能力圆滑地做到这一点。所有高敏感父母都必须学会设定界限，温和而明确地说"不"。这些都是带孩子的必备技能，所以要随时随地练习，多加磨砺。

第七章

高敏感父母及其伴侣

问题与工具

我们两口子关系和睦，都不喜欢争执。养育小孩给我们的生活带来了激烈的冲突，但我却甘之如饴。正是这些事造就了我们，使我们成其为人！

本章讲述了一些具体的育儿问题，特别是高敏感父母会遇到的问题，你可以看看是否也适用于你。本章还提供了一些解决这些问题的工具。下一章，我们将运用这些工具，应对之前提到的问题。何故分作两章呢？因为所有拥有伴侣的父母都需要一段牢靠的亲密关系，特别是高敏感父母，否则孩子出生后，感情就可能破裂。我听过很多高敏感父母跟我说，他们无法"照顾两个小孩"，"我的伴侣根本不相信敏感会让我很难带好孩子"。这样的亲密关系往往会走向终结。

当然，如果这两章于你无用，那你已经读完本书了。恭喜！反之，若正中你的下怀，请接着读下去。

新挑战与新机遇

所有夫妻有了孩子之后，都会面临全新的挑战。坏消息是，一般而言，一旦有了孩子，父母对亲密关系的满意度**一概**有所下降。[1]好消息是，据我们研究，高敏感父母的情况并未更糟。我们在调查中问及亲密关系时，他们的回答和其他人一样。我们的问题包括他们在亲密关系中的幸福感有多高，他们的伴侣是否是个好父母，而伴侣是否也认为他们是个好父母，并未对他们的育儿方式感到失望。我相信只需对高敏感父母稍加指点，他们就能比一般人做得更好。为什么不可能呢？我们明显比一般人更富同理心，直觉更准，更认真负责。

无论你们双方都高度敏感，还是只有你如此，都可以在《亲密关系：敏感的心灵该如何安放？》一书中找到许多改善亲密关系的方法。不过，有了孩子之后，伴侣之间的关系注定会发生变化，所以我们关注的重点在于——让晋升为父母的生活转变，也成为加深和强韧亲密关系的转变。

在此我还借鉴了里克·汉森、简·汉森和里基·波利科夫合著的《妈妈的教养观》的最后三章。我强烈推荐这本书，不过它不是专门写给高度敏感者和各位父亲的。

五大问题

在育儿过程中，至少有五个问题始终困扰着大多数夫妇，尤其是高敏感父母。不过别担心——分析完这些问题后，我们将在本章及下一章中探讨解决办法。

问题一：新的刻薄情境

我的婚姻曾面临很大的压力，主要是因为女儿们小时候特别黏我，不怎么喜欢其他人。我丈夫怪罪于母乳喂养，希望孩子能尽早独立。他越是逼着她们独立，他的焦虑就越发强烈，孩子（自然）就越亲近我。有天晚上，水开了我正要煮意大利面，蹒跚学步的孩子却紧抱着我的腿不放。我简直疲于应付。丈夫回家后，问孩子要不要一起玩。她说："不要，你回你的办公室去吧。"我丈夫原本性情相当温和，却当场冲我吼道："这就是你搞的亲密育儿，你满意了吧！"随即摔门而去。

我们是如何熬过这个难关的呢？我总开玩笑说，我们是累得连离婚的力气都没有了。不过现在我们一家人非常幸福、美满、亲密无间，孩子也一个五岁一个九岁了。谁也猜不到我们曾经历了怎样的危机。

生活中出现新的压力来源后，你和伴侣无论是否高度敏感，说起话来都可能比较冲。这点从彼此说话的声调中就能听出来。没人喜欢这样，但高敏感父母可能更加痛苦，更能意识到问题所在，也更想终止这种状况——同时他们也很可能经常明知故犯。首先，你可能已然十分疲惫，觉得带孩子苦不堪言。其次，高度敏感者难免有些挑剔，因为我们会巨细无遗地觉察每一件事，包括别人做的一些惹恼我们的事。更糟糕的是，如果你的伴侣并不高度敏感，那么你做什么他似乎都无所谓，显得你才是那个鸡蛋里挑骨头的"碎嘴婆"。

问题二：失望和怨恨

失望和怨恨会造成持久的情感包袱，破坏每一次交流，而养育小孩不仅会唤醒旧恨，还会滋生新仇。高度敏感者感受性更强，并且会深度处理这些感受。高敏感父母可能非常犹豫要不要将不满说出来，你想表现得友善一些，也担心谈及沉重的话题会带来过度刺激。你之所以比别人更容易暗怀失望和怨怼，起码有这两个原因。

如果你的伴侣不是特别敏感的话，你现在的失望感可能更胜以往。你希望伴侣能与孩子更同调，这样就不必总是由你率先发现问题，率先采取措施，而他没准还会说你疑神疑鬼。更糟糕的或许是，你深刻地感受着养育孩子的酸甜苦辣和如今肩负的重任，而伴侣却和你并不同调。还有一种怨恨可能来源于你怀疑你和伴侣共同做出的某些决定，因为你对潜在的后果一向直觉很准。你说出了自己的想法，却遭到否决。待到出了事，你便埋怨对方没有听取你的意见，或是干脆把这个结果怪到伴侣头上。

还有个大麻烦：决定是否生孩子或者要二胎。通常，夫妻双方总有一方比另一方更想要孩子或者再多要一个孩子。如果当初是你比较犹豫的话，你可能对目前的育儿状况存有根深蒂固的怨怼。如果你想要二胎，但最终两人议定不要，一不小心就会造成一辈子的失望和怨恨。至于分娩呢？也许你们两人都未曾预料到，你在分娩前后会变得如此情绪化——比方说你是位母亲，在艰难的怀孕期间或流产后，你可能觉得自己需要更多情感支持，而伴侣给的不够。记住，任何人分娩时都极度紧张，你更是有过之而无不及，可能怨恨伴侣没有好好地维护你，让助产人员照你的意愿行事。

如果你高度敏感，但并未亲历分娩而是从旁见证，那你可能有种被排斥和遗忘的感觉。特别是你们二人为这一刻做了那么多练习，而伴侣最终却转向医护人员或助产士求助。你也可能在孩子出生后，强烈地感到自己被排除在外了，伴侣刚做了妈妈，似乎一心扑在孩子身上。而且通常岳母也会来帮忙，你觉得自己简直快成透明人了。除非正视失望，消除怨恨，否则你们的关系永远无法修复。

问题三：协商如何教养子女

令我大为失望的是，我丈夫觉得孩子身上的缺点都是我惯的——因为我总是安慰他，对他太有耐心，结果把他变成了一个爱哭鬼。

一位高敏感父亲说：

我们晚上带孩子的方式很不一样。有时我们会分开带孩子，妻子负责哄非高敏感的孩子上床睡觉，我则陪在比较敏感的女儿身边。我放任高敏感女儿尽情去探索，向我问东问西，索要零食，允许她稍微晚点睡觉。我们经常一起看书、看图卡。我想她一定会喜欢有时间按自己的节奏做点事，不受干扰地自主活动，不必和她的姐姐争抢玩具。不过如此一来，我便并未像妻子那样规定她每天晚上该做些什么，恪守就寝时间。

如果女儿使性子威胁我，我也比妻子更快缴械投降，遂了女儿的愿，因为我无法忍受她没完没了地抱怨。

一位高敏感母亲也讲述了她的经历，她的孩子患有自闭症：

我的前夫和新伴侣（二人皆非高度敏感者）在身心两方面都很少受孩子影响。他们对眼前的事熟视无睹，不会把事情连起来考虑，在感受上尤其迟钝。因为孩子无法告诉他们他有什么烦恼，他们也就不像我这么能理解孩子。

这点也不利于我们之间的关系，因为我们对事情的理解总是南辕北辙。

凡是有孩子的伴侣都必须大略制定一套双方均认同的育儿理念，并依据两人选出的教养方式决定所有日常事务。育儿理念源自你们的价值观。你希望孩子长大后成为什么样的人？性格好？功成名就？自信？好奇？慷慨友爱？相当合群永远不会格格不入？还是精神独立？博学？聪慧？有创意？有灵性？秉承文化传统？

身为高敏感父母，你可能比伴侣更深入地处理所有这些问题及其结果，换言之，你有一套清晰的育儿理念，而伴侣则未必。但你不能不弄清伴侣的想法自顾自地带孩子，因为你们的日常行为可能出现严重的不同步，或是两人的意见可能产生强烈分歧。你想好一切后，对方的观点可能与你不同，却似也合情合理。

问题四：分担家事

我丈夫并不高度敏感，一开始他很难接受我不能包揽所有事，我需要经常安排休息和消遣。说实话，我现在仍要为此据理力争。不过我知道，我应付不了时，他可以接手。他能让孩子们变得稳重些，要是他们以为每个人都像妈妈一样善解人意、体贴入微，那他们今后的生活将举步维艰。

养育孩子非常辛苦。伴侣双方常常就两人是否做到了各尽其责以及什么事该归谁管而起争执。根据我的经验，倘若询问两个共同生活的人他们各自承担的家务比例，得到的数字之和总是大于100%。我们很容易忽略对方的付出。多数研究发现，女性比男性承担了更多家务和育儿工作，哪怕她们也要出门上班。我料想高敏感家长，无论男女，可能也做得更多。他们非常认真负责。他们难以忍受凌乱，因此比伴侣更爱整洁。他们带孩子更加细心，可能总是第一个跳起来照顾孩子的需要。再者，高敏感父母可能不会站出来维护自身权利，宁愿多做事，少争吵。

与此同时，可以想见高敏感父母始终觉得自己不能像伴侣那样兼顾很多事，主要就是因为他们非常容易受到过度刺激，精疲力竭。

最常被忽略的一大不满，可能当属繁重的家务劳动和一些乏味的育儿工作分配不均——这些事谁都不太想做。一句"我在外面挣钱养家"并不足以抵消这一切。一般说来，出去赚钱也就少了很多繁重的家务，减轻了社交孤立，也不致失去社会身份。待到周末，平时上班的那一方"需要多陪陪孩子"——这诚然不错，但那些繁重的家务呢？

此外，让孩子看到家务活分配不均这种重大的不平等现象并非好事，这也敦促我们必须解决这一问题。

问题五：保持亲密

毋庸置疑，有了孩子之后，你们双方倾注在亲密关系上的时间会有所变化，亲密关系本身也会发生变化。你们开始一起做家事，享受亲子时光，经常探讨如何巧妙地共同处理各种问题，甚至还会畅想孩子离家自立后的生活！然而，高敏感父母需要的东西可能不止于此，因为他们能强烈地感受到亲密关系的丧失。譬如，我们的研究表明，他们普遍渴望深度交流。伴侣之间虽仍在进行深度交流，但当前的话题主要围绕着孩子。你可能对此并不满足。

当然，你也觉得必须将亲密关系置于次要地位，因为你还有很多其他事情要做。但问问自己，也问问对方，你们有多怀念孩子出生前那种亲密无间的感觉。如果你们中有人对亲密感的丧失深感遗憾或内心苦闷孤独，你们就需要把亲密关系放在首位。就算你们的感情已严重滑坡，现在补救也为时未晚。

容易忽略的情绪

在着手解决这五个问题之前，我们先来看看产生这些麻烦的情绪的背景。其中一些情境我们在探讨失望与怨恨时已经提到过了，但还不止于此。婴儿出生后，父母双方在抚养的过程中都会产生强烈的情绪体验——高度敏感者尤甚——而这些情绪就是那五个问题的根源。

首先，母亲会彻头彻尾地改变，高敏感母亲更是如此。她突然爱上了一个小婴儿，突然觉得自己与这个小人儿紧紧地拴在了一起，在孩子能够独立生活以前，她都不会再有真正意义上的自由。而即便孩子自力更生了，她对孩子的爱与担忧仍将持续一生。这一翻天覆地的变化影响着她的所有感受，包括生孩子、带孩子、奶孩子所产生的身体变化。我想任何一个女人——至少是今天的女性——都不可能真正为这一切做好万全准备。那是突如其来的冲击。此外，无论她多长时间没有重返工作岗位，"仅仅"是做了母亲就是一种社会身份的改变，这种改变在大多数文化中并不如"正经"职业那样受尊重。

不过，我要将关注的重点放在另一位家长身上，一般是父亲，因为我们通常很少去理解父亲的情绪，尤其是高敏感父亲。顺带一提，所有这些问题同性夫妇也会遇到。他们的感受将取决于个人性格和在育儿过程中所扮演的角色。我将继续使用"父亲"一词，形容你们其中一方扮演的角色。

恰如一位高敏感父亲所言：

> 父亲其实和母亲有很多相同的感受——同样的忧思苦乐。父亲担心的事可能有所不同。所有有孩子的伴侣关心的事都各有差别。但大多数父亲，尤其是高敏感父亲，和母亲一样操心孩子的幸福。此外，父亲也会感到自己的身份发生了巨大转变，从一个小青年、小伙子变得拖家带口，与朋友相处的时间大大减少。他以前可能自诩新锐音乐人、天才艺术家或滑板冠军，而现在他还将自称是个父亲。其他的追求如非能挣钱，暂时都屈居次要。

如果高敏感父亲是家中主要的收入来源，他可能很想在家多陪陪孩子，但却不得不工作更长时间。当然，母亲也会遇到这种情况，但我们通常更理解女性的这种矛盾心理，对男性则不然。我敢肯定，在职的高敏感父亲往往很懊恼，因为上班错过了孩子的大部分生活，而下班回家又累得够呛。

父亲会因伴侣展现出的伟大母性而深受动容，并由衷地感激她给了他一个孩子。但他也会看到疲劳、抑郁和各种健康问题给她造成的影响。他可能有心帮忙，她却失落地说她不是没有试过这么做，令他觉得自己一点忙也帮不上，就此不再做出反应。最重要的是，如今她将孩子视作生活的重心，他对她似乎不再那么重要。他所拥有的性生活多半也不如以前频繁，铁定少于他的期望。一言以蔽之，他觉得伴侣爱孩子胜于爱他。

高敏感男性也往往自豪于他们有能力发掘一些巧妙的方法，更好地完成任务。而当不能胜任妻子常做的一些工作时，他将会非常难受。听取妻子的建议好似在挨批。有时她显得很"霸道"。他兴许知道她之所以这么严词厉色，只是急于让他弄懂该怎么做，但依然觉得不是滋味。

高敏感父亲可能很想理性地对待这些事情。但他的感受性就是很强。如果他始终闭口不言，怨恨就会越积越多。而如若他说出来，除非说得很委婉，否则也势必引发一些不满。

让我们说回在育儿的不同阶段，父母双方都容易忽略的那些情绪。等孩子到了学龄期，新的问题接踵而至，而父母仍旧忙得团团转，无暇顾及藏于表面下的心情或情绪。例如，双方都暗自遐想该如何利用现在空出来的时间——一方可能想开始或重拾工作，另一方则希望能享受一段平静的时光。这一阶段与老师和其他家长的交流较多，你们面临的问题是该由谁负责应付这些事，两人是否都要出面，以及应该抱着什么样的心态出席这些场合。此外，还有许多问题牵扯到学校的教育、孩子的同龄人和你们整体的教养观（礼仪、家务、看多久电视、用多久电脑和社交网络等，以及何时孩子说了算，何时家长说了算）。所有这些事引发的情绪，夫妻双方都可能难以处理。

等你觉得你们在育儿一事上协作得相当默契时，孩子已经步入青春期了。这一阶段会出现很多突发事件，青少年的大脑总是来不及想清楚就贸然行险，或是以前不成其为问题的事，现在却似乎威胁到了孩子的将来。我们自己青春期时的经历可能也左右着我们。此外，青少年还可能会分化和征服父母。

概述了五大基本问题和这些易被忽略的情绪后，让我们开始改善你们的亲密关系吧。

重拾并拓展你的沟通技巧

你们的感情既然能走到今天，相信你肯定掌握了一些有效的沟通技巧。然而，除非这些沟通技巧已成为你的第二天性，否则便难免受到养育子女的冲击而大为退步。是时候重拾这些技巧了。

同理心的施与受——就为人父母这一全新的领域而言

先来说说你与生俱来的同理心吧。高度敏感者特别善于将心比心。不过，有时我们会非常忙碌、遭受过度刺激，或者根本没注意到伴侣的心事。也许我们能留意到某些特定的情绪，但绝非上文提及的全部情绪背景。你可能需要回顾一下你们关系发展的不同阶段，看看当时产生了哪些情绪，并可能遗留至今。

积极倾听。真正的倾听不仅是送给伴侣礼物，更是满足对方的基本需求。每个人都渴望得到亲近之人的充分理解，尤其是碰上难处的时候。如果你的伴侣觉得不受重视、不被感激，那么倾听能发挥奇效。你所能做的最棒的事莫过于此（可能仅次于拾起满地的乐高玩具）。

依据生活经验，你知道（但可能只是直觉性地体会，并未上升到意识层面）有意义的倾听并不是在别人说话时一味沉默，还需多做一点。

你可能早有耳闻，积极或称反馈倾听是表明你在认真聆听的好方法。个中要点见以下清单。你可以找人练习，让对方参照这些"应为"与"不应为"的注意事项，给予你反馈，你会惊讶地发现自己的做法与之相去甚远。你不必每次都逐条练习，但你练得越勤，就越善于倾听。

"应为"

- **反馈对方的感受**，将对方通过言语或非言语表达的情绪明确地点出来，比如说："我知道这对你来说是个巨大的损失。"
- **此外，还要以非言语的方式表现出你的关心。**倾身向前，看着对方。如果是在说重要的事，务必放下你手头的事。
- **运用比喻**，阐释你的理解："你似乎觉得自己像个孤儿。"比喻通常是用语言表达感受的最佳方式。
- **如果你理解错了，要有雅量。**对方或许会回答："不，不是孤儿，更像是行尸走肉。"顺应他的表达，表明你是想帮忙，不是想证明自己是对的。

- 如果你觉得伴侣没有完全把话说开，不妨问一句："还有吗？"男性尤其害怕表达脆弱的感受。你必须用你的肢体语言让对方觉得安全：身体前倾，和颜悦色，甚至面带微笑。有些人根本不清楚自己究竟是何感受，比高度敏感者更需要时间慢慢考虑。

"不应为"

- **少提问**（除了追问"还有吗？"）。只在对方遗漏了要点，让你感到困惑时才提问。就算是询问对方的感受（"你对此有何感受？"），也不如反馈有用。因为提问要么会打断对方，要么是在暗示你知道对方应该是何感受。提问在其他时候很有帮助，但并不属于有技巧的倾听。
- **别试图说服对方摆脱他的感受**，说什么"你不必内疚"这种话。
- **勿用你的经历现身说法**。别说"她也对我做过同样的事，但我觉得没必要内疚"。
- **慎重表达你自己的情绪反应**。哪怕是"听到这个消息我很难过"这种话也可以先放放。这些话可能使谈话偏离正题。只要你一直在倾听，对方就能感受到你的同理心与同情心。
- **别出谋划策**，最起码也要先了解全部情况，等对方想要听听你的意见时再说。
- **不要动辄掉书袋**，比如："是的，父母离异是会对一个人的生活产生重大影响。"
- **避免陈词滥调**，譬如"时间能治愈一切伤痛"，或是空泛地说"生活不易"。

小心好心办坏事。高敏感父母在倾听中的最大绊脚石或许是，我们自认已经知道答案，或是认为只要我们好好发问就能得到答案。不要让你的直觉先入为主。发挥你纯粹的同理心，真正去理解对方的想法和感受。若你一知半解就贸然提出一些还不错的见解，对方可能轻率地认同你，也可能气愤于你并未真正理解他。仔细倾听，你才会发现问题究竟有多复杂。就算你认为自己很懂行，在阐述你的解决办法前也要先倾听，表明伴侣值得你花时间认真重视。之后，再以"我们"为出发点，共同想办法，兼顾双方的想法。

你并不完美。多数时候，我都觉得自己是个很不错的心理治疗师，但有时也发现自己严重走偏了，用我高敏感的直觉取代了高敏感的倾听。我称之为"多重选择"。有位母亲终于设法让孩子熟睡了一整夜，我问她："你对此有何感受？好不容易成功了，想必你一定很激动。但我敢说，你也很担心下次还能不能奏效。花了这么长时间，你很不好过吧？"等我意识到这位母亲根本没机会告诉我**她**的感受时，为时已晚。积极**倾听**才是金。

你专心致志地倾听——不轻易打断——对不甚敏感的伴侣尤为有益。我仔细听我丈夫说话时，他总会随口提到一些我心知很重要的事。而我往往只需稍微提点他一下："你的意思是，这个决定真的让你很纠结。"他会说："嗯，或许是这样。我觉得……"问题往往随之铺陈在他眼前，他能从中看到对他来说最要紧的部分。不过，我得注意别让我的直觉"帮"太多忙。最终由他自己将深藏心底的珍贵感受和领悟揭露出来，我俩都会比较满意。

化解冲突

有时，你并不太会设身处地地为伴侣着想。你可能怒不可遏、满腹牢骚，甚至心生仇怨。所以，在心平气和地倾听之前，你可能需要先解决你们之间的冲突。你会发现这其实更需要同理心。不是所有冲突最终都能化解，但只要你努力提高沟通技巧，你们的关系就会得到改善。网上有不少解决夫妻冲突的好工具，但我要针对高度敏感者补充一二。

若伴侣不如你敏感。在着手解决冲突之前，你可能需要牢记高敏感的价值。因为恰如我们的研究所示，当你发现你比其他80%的父母更难带好孩子时，这或许会成为你和伴侣之间的一个极大的新问题。有了孩子之后，敏感者容易遭受过度刺激的弱点，可能已成为你最显著的特征。所以，要想想你为你们的关系带来了什么好处——譬如，责任心和善于洞察这段感情的需求。另外，在为人父母的新情境中，你或许还注意到你与孩子很是同调，你能发挥创意寓教于乐，你的细心谨慎往往有利于做出最佳决定，以及你会深入思考教养小孩如何影响了你的人生观。除非你相信自己的价值和智慧，否则多半容易在冲突中屈服。然而，你真正该做的是利用你的敏感性，为你的观点进行有力的辩护，同时兼顾伴侣的需求。

无论你们之间有什么问题，很可能都需要由你来提出。不错，单刀直入兴许会导致你过度唤醒、情绪激越，但直入主题很有必要，尤其是做了父母之后。你们有很多事需要讨论，而身为高度敏感者，你所接收到的信息和对事之轻重的感觉非常值得重视。所以尽管你的唤醒水平会上升，但还是要尽量保持冷静持重。如有必要，这种时候你甚至可以把伴侣想象成你的孩子。你应该很擅长应对你的孩子。你可以事先在脑海里设想一下你们的对话，厘清你的论据以及你将如何回应伴侣可能会说的话。

与此同时，有些高敏感父母非但不会竭力避免冲突，反而还可能撕破脸正面冲突。一旦他们认为不甚敏感的伴侣或其他人给孩子带来了错误的影响，他们会非常强硬地保护孩子。（见下文的"慢表达"。）如果你有时就是这样，请尽量保持冷静持重。记住，凭借深度处理和觉察细节的能力，当你的感情受到伤害时，你很有办法戳中对方的痛处。而你所能得到的只是丧失信任，最终，搞不好还会离婚。能够妥协之处都可以真诚地做出让步："我知道你有很多心事""我同意她的功课的确是个问题"等等。只是别对你心中认定的真理做出妥协。

尽量少说"你"乃至"我"，改用"我们"。所有父母的目标都是要形成团队合作："也许我们可以做得更好。"这种说法可以减轻羞耻感。不应该把任何一方从团队中拿出来，单独受罚。团队合作要讲究沟通手段："我现在担心她今晚又要晚归，但我同意我们还应该和她谈谈她的功课。或许可以等明晚吃完晚饭，她还未回房看录像前找她谈。"如果伴侣转移了话题，不要置若罔闻。尊重对方。这也是赢得对方尊重的最佳途径。不过也别放弃你想说的事。无论像你这样的高度敏感者有多难开口，都务必直截了当地提出来。不要畏惧尖锐的反驳和批评。有团队精神的人不仅会倾听，还会坚持为团队着想。

有些高敏感父母觉得发邮件或发短信，更利于和不甚敏感的伴侣交流，以便你有时间思考并完善你的答复。如果你们其中一方很难当面道歉的话，这么做也很有帮助。有对夫妻把他们之间的争执录了下来，之后再回过头来看究竟发生了什么。这些方法都可以减少冲突造成的过度刺激，但却不能代替真正的交流。在真正的交流中，你可以读取对方发出的一些非言语线索，比如藏在语气中的真情实感。

记住，夫妻一方敏感一方不敏感，正可结成最好的团队。你们双方都能为这段感情和教养子女注入些有价值的东西。或许是时候回想一下，伴侣不甚敏感的好处了。我在《亲密关系：敏感的心灵该如何安放？》一书中探讨了相关内容。你必须接受彼此的不同，庆祝你的所得，哀悼你的所失。当不再为那些无法改变的出于本性的行为相互指责时，你们就可以开始为你们的冲突寻找创造性的化解之道了。

若两人均高度敏感。和高敏感伴侣在一起，你们的优势更加显著，冲突也更加隐晦。你们都想自己多担待一些，但又双双都需要宝贵的休息时间。于是你们的头号冲突便是：谁更需要休息，是外出工作的那位，还是在家带孩子的那位？如果两个人都有工作又当如何？此外，你们二人在育儿方面可能都很有主见，对孩子的情况又有不同的直觉。

如果你们对自己的特质仍抱有矛盾心理，可能会相互比较，暗地里看不起对方，担心你们因敏感而产生的需求会给孩子造成不良影响，尤其是你们两人都性格内向的话。你俩都不愿参与学校组织的热闹的社交活动，如野餐、嘉年

华或运动会。你们可能担心老师和其他家长觉得你们很古怪，进而影响孩子的
社会地位。你家的可支配收入或许比较少，因为高度敏感者宁愿从事有意义的
工作，而这些工作未必报酬丰厚。凡此种种均会导致"家庭自卑"。

　　如果你们此前一直尽量避免冲突，那么育儿将迫使你们面对长期以来的积
怨，以及两人作风或价值观上的差异。要是你们来自不同文化则更是如此——
哪怕只是稍有不同，比如中下阶层和中上阶层。育儿方式无论如何都是个大问
题，而原本能处理好文化差异的高敏感伴侣却突然在育儿问题上出现分歧，往
往是因为受到了来自大家族的压力。

化解冲突的技巧

1. **运用约翰·戈特曼**（John Gottman）**所说的"柔和表达"**。戈特曼观察了
   数百对夫妻，监测他们在交谈时的生理状态。[2]他发现当伴侣说"亲爱的，
   我们得谈谈"这种话时，男性会高度唤醒，这一结果可能也适用于高度
   敏感者。他们会恐慌。所以无论你想说什么，都要首先建立起融洽的氛
   围。表达一些真挚的谢意，但一定得是出于感激，不是为了操纵对方。
   还可以嘘寒问暖，并认真倾听对方的答复，比如："你最近过得如何？"
   而当你转入正题后，要善用幽默。

2. 如需长谈，**请找一个不受干扰的时间和地点**。置身大自然是个不错的选
   择，既有风景，又能让双方"保持克制"，尤其适合高度敏感的你。

3. **坚持**。如果伴侣认为没什么好谈的，你要坚定地表示，你心中有事让你
   们有所隔阂，需要好好谈谈，现在或者另择一个时间都行。你自己也要
   决心坚定，以免到头来你们都把这事"忘了"。

4. **不管有什么问题，一定要就事论事**。可以说："我想谈谈你今晚回家后
   发生的事。或许只是件小事，但我有些耿耿于怀。"不要泛泛而论，说些
   "我们之间似乎貌合神离"之类的话。不要翻旧账，又泛泛地说："你总
   是这样。"你要着眼于未来，而非过去。

5. **不要骂人或胡乱定性**。还有一类表述也必然会违背就事论事的宗旨："你强迫症太重了。""你就是懒。""我看你这些都是跟你妈学的。"更别说："你天生就邋遢。"

6. 一旦有一方变得过于激动，**记得千万及时暂停**。心率超过一百了？你至少需要二十分钟来平复心情。但别只是走掉就算了，务必说好下次继续讨论的时间。

羞耻与需求

慢表达能完美地避免对方突然涌起对羞耻的恐惧。上一章提到羞耻时，我曾说过：我们会竭尽所能地避免蒙羞。伴侣朝夕相处，对彼此的失败和缺点了若指掌。你挑起冲突时，伴侣之所以会退缩，不仅是因为不愿面对冲突，更是因为害怕你会揭穿他长期以来的缺陷和痛处。要设法表明你说的事情并不丢人："一直以来，我们两人都是这么做的。""这或许是人之常情，很普遍，我可能也和你有一样的问题，但我发现我有点不高兴，当你……"注意当伴侣开始自我防御后，要有所退让，安抚对方。

有时，伴侣之所以拒绝和你谈，是因为他就喜欢现在的样子。家务一直是你做得比较多的话，他又何苦和你讨论平均分配的问题呢？但就算是这种情况，挖掘对方行为背后的需求也比直接指责他收效更好。试着先谈谈伴侣的需求，再渐入主题。这就是马歇尔·卢森堡提出的非暴力沟通的原则[3]，之前第五章也论述过。我强烈推荐他的著作。我们都受到人类基本需求的支配：安全、自主、爱、尊重和避免蒙羞。不管你应对的是怎样恼人的行为，其背后都存在一种需求。

你该如何指出对方的需求呢？这需要实际练习，但我会尽量讲解个大概。你可以说："你回家后立马就去查收邮件了，是不是有什么工作要处理，之后才能和我说说话，在我需要的时候搭把手？"你主动表示想要了解对方的需求。

你这么问可能令对方大吃一惊，因为你不再只是一味地发脾气。需求有时可能很难诉诸言语，所以一定要确保你找到了伴侣真正的需求。"希望你别再管我发短信了""你自己还不是这样"，这种话**并不是**在表达需求。如果你听到对方说"我得先把这事弄完"，那你差不多已经摸到脉门了。何故这么着急呢？伴侣最终可能坦言，他担心无论做什么都会惹你生气，因为他一时很难从工作状态中调整过来。伴侣和其他人一样，都需要在关系中寻找安全感。他可能担心在职场得不到尊重，而我们都需要被尊重。他可能害怕工作出错受指责，而我们都害怕失败和批评。他可能不满于尽了应尽的家庭责任，却没有受到应有的尊重，而我们都需要被尊重。循序渐进地挖掘对方的需求，然后表达你的同理心。你有能力理解对方的潜在需求，并为其正名。

需要自主性、需要受到尊重，往往是对方长期不配合的根源所在。你的目标不是让伴侣迫于威胁或奖励对你百依百顺，而是让对方**心甘情愿**地尽一份力，营造一个温暖、有爱，乃至时而乱哄哄的家。融入这样一个集体，是人类的基本需求。但想要拥有自主性，也是我们的需求之一。没人喜欢被人支使、威胁或收买。他们宁愿自主付出。

一旦伴侣觉得你认真倾听了他的话，你便可以趁此机会表达自己的基本需求："这个点儿我需要有人搭把手，每天这个时间我又要做晚饭，又要带孩子，顾不过来。"注意，你并没说"我需要**你**帮忙"。你只是需要有人帮忙而已。然后你们可以协商该如何兼顾双方的需求。或许你可以给伴侣十分钟——协商一个时限——让他到家后先完成工作，之后再来帮忙，直到孩子上床睡觉。

还有一个提前预防起冲突的办法是，先想清楚你怎样才能开心地生活、开心地带孩子。然后假定如果可能的话，伴侣会满足你的所需，为你送上一份爱的礼物。表达需求时仍要彻底避免使用"你"字，以免听起来像在抱怨、强求，使伴侣变得固执或戒备。你可以说："我一个人在家待了这么长时间，真的需要有人说说话，交交心。"如果你没有收到这份爱的礼物，反过来询问一下伴侣的近况，看看他有何需求。也就是说，转而发挥你的同理心，而不是用"但是……"来据理力争，甚而威胁对方。这样的做法意味着你提出需求不是出于尊重，而是出于控制欲。

伴侣可能表示："我也需要和你多多交流。但有些事我得先处理好才行。"现在双方的需求都摆在台面上了，你们可以共同决定该如何满足。

无论你如何小心避免，你们仍随时可能变得戒备或愤怒。伴侣可能觉得自己遭到了羞辱，于是赶紧在被坐实前对你予以回击。而你不必以同样的方式回敬对方。化解羞耻最好的一个方法是直接说："没错，我有时也这样。"要是这次你的确有错，不妨坦率地承担部分责任："或许我是该耐心些。"承担部分责任没什么大不了的，只要你认为事实确实如此。如果伴侣只一味认同就是你该更有耐心才对，不肯分担责任，那套相互羞辱的把戏就又来了。

最终，争取就你们双方将如何改进达成共识，在伴侣仍在认真倾听的情况下，切实对将来的做法做出承诺。如果伴侣已经不乐意听了，你要态度坚决才行。最后，最好说些这样的话："你回家时，如果我没有热情地迎接你，你可以跟我说。如果你没做到的话，我也能直言相告吗？我知道这似乎只是一件小事，但我认为很影响整晚的气氛。我也知道你在办公室和通勤路上积攒了很多压力，回家对你来说是个很大的转换。而我的压力则是要一手料理家中大小事，很是单调乏味。有时我很嫉妒你在外打拼。我讨厌这种嫉妒的感觉。或许你也并不总是乐意回家，处理家事。"然后说回你们需要做出的承诺："但设法克服就会有所改善，你说呢？也许我们真的应该下决心做些改善。似乎唯有这样，我们才能改变现状。"

如果对方没有做出承诺或曾一度违背约定，可以询问对方这些要求是不是太高了。屡次背约的话，一定要着手解决，别不了了之，但这可能涉及另一个话题。解决这个问题时，要以"我"做主语："我对你深感失望和不信任，你答应了我的事没能兑现，我觉得我失去了对你的尊重。"**别**说"你言而无信"。

如果你破坏了承诺，觉得自己做不到对方要求的事，或者无法持之以恒，那么实话实说："有时我太累了，十分心浮气躁，我不敢保证自己能一直温柔体贴。不过，我会尽力。"

要是伴侣变得戒备，你甚而可以直截了当地说："我不是说你回家时没表现得尽善尽美，就该内疚得不得了。只是你自己也说过希望改善我们的关系，而改变我们之间的问候方式就是我们改善关系的一个途径。也许当我听到门外传来你的声音，听到你走上人行道时，我们都该停下来关注当下的这一刻——我们又在一起了。"

你同样不希望自己矮人一截，总处于被责备的位置。**说出你的心声**，就像今天这样，哪怕今后你会改变想法。但如果硬要分个输赢的话，承认自己的情绪（包括担忧和疑虑），暴露出自己的脆弱，往往会让你在沟通中取胜，而非落败。这里所说的胜利是你如愿以偿地和伴侣变得更加温存，而不是相互戒备，以免蒙羞或内疚。

如果你们的矛盾很深，看似无解，沉默倾听会有奇效。大多数伴侣靠这种方式最终让对方听到了自己的心声，你们无疑也可以。

沉默倾听

1. 你们可以一人讲五分钟，而倾听的一方不管多不同意，也绝不出言打断。这就是沉默倾听的要义：隐忍不言。

2. 不过，倾听的一方可以做点笔记，以免轮到自己发言时，想说的太多，千头万绪。你听到了一些以前从未听过的话？一个你全然无法认同的说法？记下来，草草记上两笔就好。因为你必须专注在倾听上。如有必要，可以示意对方稍微暂停一下，让你记录。

3. 如果违反了沉默不语的规则，坦言这确实不易，但很值得。别太在意，继续倾听。

4. **互换角色**。稍微沉默片刻，消化下方才对方所言。然后换听者说，说者听。

5. 你们在相同的时限内发完言后，便轮流做出回应，依旧是一方说，另一方沉默倾听。时限最好为两分钟。

6. 结束后切勿多言。各自反思一下，约定半小时后再回来。然后，你们可以随意聊聊。要是似乎未能解决冲突，**也没关系**。只需定好时间，改天再试一次。

7. 要是你觉得伴侣并未完全把话说开，可以问一句："还有吗？"有时，对方担心他要说的话，高度敏感的你可能承受不了。所以要表明你能够承受。不要流泪，如果你还是哭了，可以说："没关系，请继续说下去。"

这个方法非常见效，只要恪守在倾听时保持**沉默**的规则。迫使自己听完对方的全部想法和感受，进而对此进行反思，便足以改变一个人的想法。记住：你们可能需要多多重复这个练习。我和丈夫曾有过一次冲突，看似无法可解，拉锯了好几个月，但我们使用了五次这个方法后，最终还是迎刃而解。

积极倾听或沉默倾听都很可取，但如果你不肯说出自己的真实想法，就会弄巧成拙。对方以为自己已经理解你了，开始在此基础上采取行动。而你却注定愈发退缩，最终绝望。这会**损害**你们的关系。如果伴侣愿意倾听，你却无法坦诚相告，那么你需要先聊聊"为什么我无法说出自己的真实想法？"你可能需要有咨询师或治疗师在场才能畅所欲言，最好是婚姻治疗师，这样你们双方都能在场。优秀的婚姻治疗师非常善于维系夫妻关系，在一个安全的空间里让你们将一些看似不可饶恕、难以接受的话说出来，而这正是你所害怕的。

碍事的情结

每个人对孩子的教养，都深受自己童年的影响。这即我们所说的情结。情结指的是与我们生活中某个重大主题休戚相关的想法、感受、恐惧、本能、梦想等其他种种因素的集合。人人都有情结——可能关乎金钱、权力、社交排斥、食物及饮食、你的性别及其他性别。有些情结也相当具体，譬如因遭遇背叛而产生强烈的嫉妒心，或是因从小只能扮演受害者的角色而具有受害者情结。

情结是我们人格的天然基石，由过往的生活经历和先天性格组成。我在《天生敏感》和《每个人心中都有一个被低估的自我》中详细探讨过这些。有情结未必一定是件坏事。你有可能成为一个慷慨的慈善家、忠贞不渝的伴侣、精打细算的储蓄者或是弱者的守护人。但在某种意义上，你是被驱使的，并非出于自主选择。

通常，养育小孩会激发出一些前所未有的情结，这些情结源自你过去与父母相处的经历。譬如，每个人童年时都对主要抚养者产生过依恋。除非你努力克服，否则这种依恋会影响你的一生。成人身上有三种依恋"类型"或称预期，反映了每个人的童年经历。其中一种是安全型，余下还有两种不安全的类型，即焦虑型和回避型。焦虑型源自小时候受到的爱反复无常，导致在当时和成年后都害怕被抛弃、被背叛。回避型则多是忽视或虐待所致，导致害怕依赖他人，视依赖为脆弱。这种类型的人追求自给自足，也许惯于晚归，或者表现出那种"沉默寡言的硬汉派头"，但内心深处却缺乏安全感，维持感情的方式更加迂回。我并未见到有确凿证据表明，高度敏感者多会形成不安全的依恋类型。不过那些已然形成不安全的依恋类型的高度敏感者，可能更易受到早期依恋关系的影响。但同样地，他们也更容易在一段融洽的关系中，转变为安全型依恋。我们对此尚无定论。

不安全的依恋类型会影响一些育儿方式，比如婴幼儿在接受睡眠训练期间或是被留在托儿所时，你忍心让他哭多久。（焦虑型的人受不了孩子的啼哭，回避型的人则会说："就让他哭吧。"）

如果你怀疑自己或伴侣有依恋问题，影响了你们的关系或育儿，最好的解决办法是求教于一位懂得情绪焦点疗法或情绪焦点伴侣疗法（基于依恋理论）的人[4]，不过你也可以自行查阅相关资料。

　　我们经历过的其他问题也会形成情结，影响我们对子女的教养。创伤大多会形成情结。例如，家中预算吃紧，无法给孩子买礼物，或是父母生病，孩子不得不分担一些家务，这种时候伴侣可能觉得让孩子吃点苦也是好事。但如果你自己经历过极度贫困的生活，以前总被逼着干活，你可能执意要让孩子过得轻松些。通常，你面对的情结都盘根错节。在学业上应该给孩子多大压力？你的伴侣一定得让孩子成为尖子生，因为他自己有学习障碍，从未拔尖。而你以前念书时却被逼得很紧，极力想避免孩子重蹈覆辙。

　　以下是具有某种情结的迹象：

- 极度情绪化或极度理性："这很离谱，我可以证明给你看。"
- 说话绝对，譬如："我**知道**你在和别人搞暧昧，别想抵赖，我都看见了。"
- 将后果说得很极端："你要把我们的钱**都**挥霍光了。看看这堆账单。再这样下去，房子都得卖了。"
- 莫名其妙的指责："他哭成那样，你怎么能指望我丢下他不管，和你出去约会？天下哪儿有你这种父亲？"
- 你觉得自己仿佛身在戏中，翻来覆去只能扮演同一个角色：被人背叛的那个人，若无其事的那个人，只会给家人带来灾难的那个人。

当伴侣陷入情结中时，你能做些什么？

- 不要与之争论，也不要卷入其中。尽量留出部分精力注意观察。或许可以同意你们是该就此好好谈谈，但现在不是时候。
- 不要认同那些明显不实的说法，包括伴侣的自我憎恶："我太蠢了。"你可以说："我明白你的意思，尽管我无法认同。"如果对方坚持认为是事实，你们可能有所争执，但你在倾听的同时，务必坚定自己的立场。
- 别一味沉默。对方会迅速将你的沉默解读为认同或不认同。稍微提几个问题，就能避免对方这么想："后来怎样了呢？"

- 多想想伴侣招你喜欢的地方。这些比他的情结重要多了，就算眼下看起来不像那么回事或者眼下这种情况时有发生。你们之后可以共同面对他的情结。而现在，你要照顾他最为脆弱的一面。

- 温柔地与对方站在一起，他可能对这种情结或形成这种情结的事件感到羞耻。譬如，他曾被人遗弃或背叛、过过可怕的穷日子，或曾有兄弟姊妹自杀，而他觉得都是父母过度溺爱所致。

- 巧妙地自我防御。不要相互羞辱。相反，你可以说："我知道你想怪我。看来我们中有人做错了。"还可以进一步说，"或许我们不必分出谁对谁错，只需想想今后该如何避免这种不快。"

- 关键在于：等你们双方都冷静下来，能够亲近地交流时再谈。这点十分重要，因为之后你们可以探讨一下情结本身。不要避而不谈。先说些关爱的话。然后，你可以用担心而非责备的口吻说："昨晚我们都出了点问题，对吧？"

- 探究这件事到底让对方想起了什么往事："我想知道你第一次有这种感觉是在什么时候？"这个问题能触及情结的根源："你父亲很严厉吧？难怪我想多管束管束皮特，你会不高兴。"积极倾听，一定要非常积极。

- 讨论是什么触发了这种情结，当如何避免。

- 给这种情结起个名字，但务必要先认真听完原委。如果那位严父名叫哈罗德，下次再触发这一情结时，你就可以说"我在想我们是不是陷入你的哈罗德情结了"，从而让伴侣想起真正的症结所在。

- 援引自己的情结，表明我们都会纠结于某些"深层次的东西"。比方说："你知道的，我生怕皮特没什么玩伴。我总想起自己以前的绰号，'六年级那个没朋友的莎莉'。"

你们在育儿过程中可能让彼此深感失望，有时会形成新的情结。例如，你们其中一方因家务分配严重失衡而产生受害者情结，另一方却拒不承认。不过这种情况更多时候其实是让对方的受害者情结死灰复燃了，致使负担过重的一方无法站出来维护自己的权益。请带着你和伴侣的情结继续阅读下一章，我们将尝试运用本章后半部分介绍的技巧，解决前半部分提到的五大问题。

第八章

再论敏感父母及其伴侣
在棘手问题上取得进展

让我们回到养育子女可能给你的亲密关系带来的五大新问题。这五个问题上一章在讲解增强共情、化解冲突和觉察情结的能力之前，我们已经介绍过了。

减少刻薄情境

你和伴侣相互斥责或表现得很粗鲁，起码有三个原因：疲惫、暴躁和怨恨。

第一个原因你深有体会。当受到过度刺激疲惫不堪时，你就会"失去理智"。而你们都心知肚明，如此易怒非你本性。但愿你的伴侣能注意到这些迹象，明白你只是一时失控，并主动帮你争取一些休息的机会。

因家教所导致的脾气暴躁则较为棘手。如果你家里人经常吵架、态度蛮横、举止粗鲁，你就必须改掉长久以来的习惯才行。如果你们双方的成长环境皆是如此，或一方将另一方教成了这样，那情况就更糟了，因为你们无法为彼此树立榜样。但你必须控制这种行为，否则孩子也会变得暴躁无礼，和你一样容易失控。

想要改掉从小养成的习惯，首先得有很强的动力。有种名为"动机性访谈"的技术会从四方面着手：继续这样做的坏处，家庭环境一塌糊涂；继续这样做的好处——起码你不必改掉那些粗鲁的习惯，没准还能要风得风要雨得雨；不再这样做的坏处，可能还真想不出有什么坏处；不再这样做的好处，变得更平易近人，拥有幸福的家庭和礼貌的孩子。你不必进行正式的动机性访谈，但要抓住其中精髓——面面俱到地分析利弊，否则你难以有所行动。

有了动力之后，你们可以相互帮助改掉旧习。习惯没那么容易改。如果你们双方只有一人惯于发怒，那么在其改正期间，另一人也可以选一个不良习惯进行纠正。相互帮助的一个最简单的办法，就是相互提醒。高度敏感者往往响鼓不用重锤。

另一个办法是动用奖惩机制，就像对待实验室里的小白鼠那样。这招儿很见效。譬如，你们可以找个信封专门存放自己的"娱乐"花销。旁边再摆个罐子，但凡有人违规就要从自己的信封中拿出钱来放到罐子里，作为给慈善机构的捐款或家庭储蓄。你们还可以想想以前有什么办法，能有效地帮你们改掉旧习。

你的目标是要与共同生活的人一起维持"体面"的行为，就像去别人家做客那样。为对方为你做的每一件事致谢，哪怕是像清理洗碗机这样最为普通的事。为自己的每一次失败和制造的麻烦致歉，哪怕只是在对方正要进来时顺手关上了门，就算你是无心的也一样。注意你身体发出的噪声和个人卫生。友善待人。

刻薄的第三个原因是易怒的人心中埋藏着一触即发的怨恨，这就是我们接下来的主题。

失望与怨恨——修复方法

如果你和伴侣彼此深为失望，那么你们必须想办法修复。别忘了，你也让对方失望了。背约失信往往是失望与怨恨的症结所在，必须加以解决。再者，言而无信会失去对方的尊重，而我认为真爱离不开尊重。要是放在过去，言而无信形同耻辱，会被认为品格低下。如有必要，你可以声称这是一场误会，哪怕未必如此。重要的是，你们往后会相互帮助，相互尊重。

首先，你们双方必须承认确实**有过**这么一个承诺，抑或你们之间其实存在误会。如果一方始终认为你们根本没做过什么承诺，那么下次要将你认为你们已协商一致的事，与对方沟通清楚。

那么，你为何令对方失望了呢？你的敏感性让你比其余80%的父母更受不了压力。这就是令人失望之处。如果你在家带孩子，你会比别人更需要帮助，有些帮助可能很花钱。如果你返回工作岗位，你所能承担的家务远不如伴侣设想的那么多。你兴许还允诺过对方，结果却无法兑现。伴侣或许觉得你的敏感性给他造成了很大负担，以至于在他看来像是一种病态——有时也当真如此，敏感能加重抑郁或引发过度焦虑。于是，你不禁怀疑对方暗地里可能觉得自己找错了人，而你也对这种不被接纳的状况心生失望或怨恨。

当小吵小闹变得一发不可收拾时，有的人会消极对抗（比如"忘记"答应了却又不想做的事），或是你们其中的一方乃至双方都对房事等浪漫行为提不起兴致，就连周年纪念也概莫能外。此时，除了愤怒，憋在心里的怨恨也最昭然若揭。

要是你们都认同你俩之间出现了问题，就算尚不确定究竟是何问题，也该坐下来好好谈谈，最好能运用第七章介绍的反馈倾听，乃至沉默倾听。你们需要顶着养育子女的种种压力，找到问题的根源，修复深层的伤害。因此，为了使谈话更有效率，你们可能需要问问对方以下这些问题（更详细的清单参见《妈妈的教养观》）。你们可能需要把整张清单都过一遍，一次问一个问题就好。一人回答，一人倾听，反馈倾听或沉默倾听均可。然后再由另一人回答同样的问题。

- 你以前以为有了孩子会是怎样的情形？而在你看来，实际如何？
- 为什么情况变得这么糟糕？说话时不要指责对方——只陈述事实或是仅

从"我"的感受出发（"当……的时候，我觉得……"）："当孩子们打起来的时候，我觉得非常沮丧、无能为力，也为最小的孩子揪心不已。"

- 你对你的生活或伴侣有何不满？
- 你的伴侣或生活有何令你失望之处？
- 你做了什么伤害伴侣的事？譬如不肯好好听对方说话？故意做些明知对方不喜欢的事？
- 你对伴侣的动机有怎样的误解？觉得对方懒惰、不中用？明明不知道该怎么做，却又不想暴露自己的无能？不肯听你说话，还是被你批评得自惭形秽？
- 你或伴侣的童年如何歪曲了现状？
- 为了改善现状你做了什么？哪些做法行之有效？你是持之以恒，还是日渐放弃了？是时间不够吗？还是别的什么原因？觉得自己太委屈气不过？你们如何能让转变来得轻松一些？
- 你会考虑接受婚姻治疗吗？如果不会，为什么？
- 不修复你们之间的问题的话，有何隐性奖励？把你该承担的责任抛诸脑后，是否感觉挺不赖？你是否有了分居或离婚的意思，甚而心怀期待？
- 哪些事确实是你的错，你却没有多承担一份责任？
- 你能道歉请求对方原谅吗？如若不能，为什么？（例如，你家里人都从不道歉？）
- 你家里是否曾有人行为不端，被家人终身怨恨、结仇或断绝往来？那个人的行为究竟有多恶劣？不能同情他，再给他一次机会吗？这种家庭传统是否影响了你心中的怨恨？你想延续这种传统，还是宁愿选择原谅？

回答完毕后，你们可以各拟一份清单，把你们表露出来的怨恨和失望都列下来。交换彼此的清单，把这些问题都"当作"对方生活中的事实。好比天气冷暖，各人有各人的感受。但也许在你安静地倾听之后，天气也会自行变幻。

注意在此过程中触发的情结，运用第七章介绍的方法加以应对。记住，不要与陷入情结中的人争论（但也不要屈服或认同）。顺其自然，往后再来深究。

假设你们已经多少消除了一些隔阂，请真心诚意地评估清单上的每一项，别再进一步争执，相互指责你们各自对这些怨恨和失望负有多少责任。你们可以按从1到10的等级进行打分，同时承认这个分数并不全面。一个月后再来重新评估。当你们两人的分数都变得很低时，便可以撕毁或烧掉清单了。

增加你们情感账户储蓄的八种方法

就像你们践行上述方法一样，重点是要关注未来。不妨将这段话念给彼此听：

> 即便夫妻双方都觉得再也无法爱下去了，这种状况往往也会有所转变。切勿气馁。只要两人都有心改善，就一定可以。

把你们的感情想象成一个银行账户，里面有你们最初的爱意，有你们这么多年风雨同舟收获的力量和快乐，还有你们为挽回失去的爱所做的诸多努力。这些都是你们的储蓄。而压力、争执、怨恨、失望和未修复的问题就是一笔笔提款。如果你们因为养育子女而出现赤字，那么是时候多存点钱了。有什么办法可以增加储蓄呢？

1. **定期存款**。下定决心将维系夫妻感情提上日程，如果此前你们一直忽略这件事，就更该把它作为首要任务。

2. **共同开动脑筋增加存款**——别急于评估可行性，先把所有想法列出来。"重启约会之夜。""重视孩子的睡眠训练，这样我们两个也能多休息休息。""别把工作带回家。""设定一段时间，不碰电子设备。"单是一起列清单这件事，就足以表明你们二人均有意改善现状，这本身就是一笔储蓄。

3. **想办法不带孩子，两人单独外出**。你们可以将孩子交给看护照顾一晚或几个小时，如果有事，让看护随时联系你们。这样你们就可以出去过夜了。《妈妈的教养观》中建议，如果孩子不满三岁，最好别超过一夜；不满五岁，则不要超过三个晚上。但要是孩子和看护之间很亲近，比如爷爷奶奶，那么时间长点也不要紧。

4. **一起做些"新奇而刺激"的事**。不一定非要特别刺激，只要有新意就好。你们双方都应该觉得新奇有趣，至少乐意尝试一下：学些新东西（运动、语言、夫妻按摩）；找到新的娱乐方式（听歌剧、摇滚音乐会，观看体育比赛）；去不同的地方旅游，哪怕当天来回也好（新的徒步路线）。我丈夫的研究充分证明，这种方法比晚上出去约会，吃顿饭看场电影有效多了。[1]它能让你们将亲密关系与个人成长、自我拓展联系起来。[2]高敏感夫妇更能从中受益，因为他们可能一向把亲密关系当作一处静谧的避风港，只在别处进行自我拓展。

5. **每天相互询问三个有意义的问题**（"今天过得怎样？"如果你们这么问只是出于惯例，几乎从不认真听对方说话的话，这个问题就不算数）。"一切还顺利吗？""你有什么期待？"如果伴侣跟你说了当天发生的事，你可以问："你当时做何感想？""现在是何感受？"然后进行反馈倾听。

6. **庆祝伴侣的成就**。研究表明，这样做比支持伴侣渡过难关更能增进感情[3]："你（解决了那个难题 / 得到了应有的认可 / 哄孩子熟睡了一整晚），真是太棒了。"

7. **一起观看"情侣"电影**。对寻常夫妻来说，这比沟通训练更有效。看电影，可以抛开羞耻和责备。挑些围绕亲密关系的电影，看完后务必讨论一下。[4]

8. **时常互诉爱意**，而且最重要的是，要说明为什么。我和丈夫在长途旅行时为了打发时间，有时会相互说出五到十个我们深爱对方的原因。

在育儿方面达成共识

要想就如何养育小孩达成共识，首先要坐下来决定培养的首要目标——比如培养孩子拥有良好的性格、优异的学习成绩、强大的韧性、在事业或经济上取得成功、快乐无忧、发现真实的自我或是继承你们的精神传统。不做选择本身就是一种选择，意味着要让媒体和学校等更大的社会组织来做决定。

如果你们尚未达成共识，这可能是因为伴侣旗帜鲜明地与你意见相左。还有另一种相反的极端情况是，伴侣在这个问题上并无太多考量，指望全部由你决定，但他对此始终有一定影响。那么你该怎么办？

在育儿方面存在重大冲突。若你和伴侣分歧很大，请参考第七章，采用积极倾听和沉默倾听的技巧。关注你和伴侣的基本需求，比如想为辛苦养育孩子的成果感到骄傲，想得到父母应得的尊重，或想靠生儿育女获得家族的接纳，为自己的文化做出贡献。有时冲突不过源于需要有自主感和效能感，而不是受人支使。

小心情结，它们往往源于整个文化的集体情结，旨在维持文化认同或文化传统，也可能是你受过创伤，甚至就是被同一文化中的人所伤。你身后的大家族可能给你施加前所未有的压力。你也愿意听听他们的意见，但你得决定到底是该忠于大家还是忠于小家。你和伴侣必须就教养方式达成共识，其他人未必非得认同你的做法。

伴侣对育儿问题毫不上心。若伴侣似乎无意解决育儿方面的问题，而这些问题在你看来牵扯到了你的整个育儿理念，那么你可以从很表面的日常行为入手。由此深入下去，找到伴侣的深层价值观：

"我记得你说过，你不希望孩子老是大喊大叫。就像那天在餐厅里惹你生气的那个孩子一样。"

伴侣表示认同。

你继续向前推进："所以，你希望孩子能冷静一些。我认为，这意味着我们自己得先保持冷静才行。孩子会模仿很多东西。"举例说明孩子是如何模仿伴侣的行为的。

你还可以问问伴侣希望孩子长成一个什么样的人，然后商讨该采取怎样的教养方式把孩子培养成那样。不然还可以讨论一下你们观察到的别人的教养方式，哪怕是电视上看来的，询问伴侣他觉得哪些方式可取，哪些不太可取。记住，你这么做是想帮助伴侣探索他的价值观，先别管你认同与否。就算听到一些不认同的地方，也不要立马说出来，而是要去分辨其背后的理念你是否认同。"孩子听话懂事，似乎很不错。你有什么尤其希望孩子听话的事情吗？还是特别希望孩子在哪些场合下乖乖听话？"

为了勾起伴侣的兴趣，你或许可以说："我今天读到一个对付孩子闹脾气的最佳方法……""对于她爱吃零食的问题，我读到有些家庭会在零食架子上放些健康的食物，供孩子选择。有时，孩子一整天吃的都是些淀粉类的零食，第二天架子上则全是水果。你觉得这招儿对艾拉有用吗？"

若你觉得听上去似乎困难重重，别忘了你的高度敏感性。你一定能做到！

灵活变通。在日常行为方面，你们双方都要记住，恰当的教养方式往往不止一种。就算你认为你非常确定某些事该如何处理，但伴侣也有权利按照他的意愿行事，还有权时不时地犯个错或改变主意。父母难当！你和伴侣在小事上的做法不尽相同也无妨，比如其中一方乐意在睡前与孩子多聊聊，多讲一个故事。孩子会注意到这种差别，日益习惯。

对孩子来说，影响最深远的是你们在他面前争论过多少次，以及你们还有多少关键问题未能达成一致。身为高敏感父母，你可能希望你的育儿理念和由此产生的行为都尽善尽美，因为你对此非常重视，但你并不完美，你的伴侣也不完美。对你们和孩子来说，维系夫妻之间的感情，可能比强制执行不切实际的标准要好得多。伴侣的做法究竟能造成多大伤害呢？多看几小时电视真有那么严重吗？譬如你们在该不该给孩子买玩具枪的问题上产生了分歧，你们其中一方道德底线可能比较高，但另一方的做法能让孩子更容易和其他小孩打成一片。也许两种方法都有可取之处。

尝试一下以上建议，做些妥协，别以为你们之间水火不容。或许你们的共通点是都不希望孩子长大后违法犯罪！或许你们其实都不确定如何是好。

倘若伴侣执意要按某种方式行事，而你很肯定那是错的，只是一时的小问题的话，尽可让伴侣去尝试和学习好了。如果结果证明你是对的，别说什么"我早告诉你了"。如果结果证明伴侣的方法更好，一定要坦率承认。

如果你发现情形相当糟糕，首先要搞清楚事实。你看到的往往是一连串迫不得已的结果。在那种情形下你又能做得多好呢？

分担家事

一位高敏感家长讲述了她的经历：

> 我丈夫能接受我的敏感，并给予我重要的支持。他敦促我多休息，找机会减轻我的负担，鼓励我不必勉强自己力求完美。他也很沉静，而且不易受噪声干扰。我束手无策时，他可以接手。鉴于我们发生过的一些冲突，我建议有意为人父母的高度敏感者，尤其要与伴侣就家事和家务达成良好的共识，你们比大多数人更需要做到这一点。

协商家务分工，需要动用上一章介绍的所有技巧。但还有些专门针对这个问题的办法能事半功倍。

列出完备的任务清单。清单中的每项任务旁边，要有所留白。

首先，你们两人都该想一下自己要做些什么，将清单补充完整。例如，在特定时间段带孩子（吃饭、睡觉等），做家务（打扫、洗衣、修理、打理庭院、照顾宠物等），外出跑腿（买菜、买衣服、加油等），以及保养车辆。但除此还要安排全家的日程表，了解每人每天的位置和动向，与其他家长或亲戚商量聚会，准备庆祝活动，预约挂号及赴诊，择校，开家长会，监督孩子的作业，以及理财（除了赚钱外，还包括支付账单，规划预算，以及为未来做投资，比如为孩子上大学存教育基金）。最要紧的是，不要忽略一些小事，比如负责监督某事完工，谁来做最终决定，乃至谁来操这份心。

其次，在每项任务旁写上这件事通常由谁负责，或是你们二人负责此事的比例。如有分歧，你们就该拿出一天、一周乃至一个月分别坚持记录（或者趁全家都在家时，记录一小时也行），看看究竟各自做了哪些事。如果有一方不愿意列清单（多半是平时不怎么做事的那位），那么可以由一人负责记录两人的家务，另一人查漏补缺就好。列清单除了能帮助你们公平分配家务外，往往还能起到约束作用。

解决家事引发的冲突。有些冲突很好解决。你们可能发现一方觉得堪比苦差的家务，另一方却并不介意。不过身为高度敏感者，你可能根本不去求证这一点，就好心地自己担下了苦差。例如，哄孩子睡觉在你或许是砒霜，但在伴侣却是蜜糖。高度敏感者通常更喜欢那些安静的活儿，比如念书给孩子听，还有那些能在他们疲惫不堪之前，尽早完成的事。所以，起码要表达你的偏好。

你们可能发现，最公平的办法是两人轮流去做那些乏味的活儿。（我和丈夫就会轮流早起，给儿子做早饭，送他上学。）但若一方一直以来都独自负责某件事，就尽管让他成为个中老手好了。不必分得太细。

如果冲突仍旧存在的话，采用沉默倾听，找出潜藏其中的错综复杂的情结。（"在我成长的文化里，那是女人的活儿。""这完全就是性别歧视。"）一定要弄清彼此的基本需求。（"要我换尿布，我丢不起这个人。""丈夫在我需要的时候不肯搭把手，我觉得很不受尊重。"）或许孩子的需求是你们的底线。（"有时，他需要换尿布，身边又只有你。那该怎么办？"）

保持亲密

维系亲密关系好似逆水行舟。孩子年纪尚小的话，你们可能只能勉强以家庭的形式相处，其间交换一个爱的眼神或拥抱，最终享受同床共枕的感觉。但等到最小的孩子也长到五六岁大时，情况就得有所改善。如果问题看起来异常棘手或顽固，务必深究。

你们是否在相互回避？如果是这样，请参看之前提到的处理失望与怨恨的内容。有种常见的怨恨起源于，你觉得自己在外工作或在家带孩子已然心力交瘁，而伴侣还指望向你索取。哪怕只是稍微休息一下，也有助于改善这种状况，让你们有心情为彼此付出。你们之中可能有一方害怕争执。另一方可以说："我想知道为什么我们在一起的时间这么少。"然后注意听对方是否有逃避的意思："我稍微走开一下，你就抓着手机在玩了。我觉得你人在心不在，所以我宁愿和朋友一起。"你们相互躲着，还可能是因为在一起百无聊赖。把你们之前为增加情感账户储蓄所列的清单翻出来看看。如果你们没做这个，最好立马补上。

工作或事业让你压力很大？

- **表达你的共情也接受对方的共情**，一如我在之前的章节中介绍过的那样。这么做本身就能修复亲密关系。

- **考虑清楚什么才是最重要的。**带孩子的这个人生阶段，很快就会始料未及地结束。令人沮丧的是，这段时期也正是很多人事业的上升期。如果你无法在家庭和事业之间做出取舍，那就放弃其他重要事项，比如朋友和爱好——在家庭和工作之外不可能再顾及更多。很多父母都这么跟我说过。

- **哪怕在家待不了多久，也要全心全意陪伴家人**。活在当下。不要在家人面前忙着发短信、回邮件、打电话。倘若不得不做，就自己到一边去。这样会迫使你少做点这些事。

- **少碰电子设备**。必要的话，可以让孩子也这么做。做好表率。科学研究清楚地表明，电子设备会妨碍亲密交流。[5]哪怕只是将手机放在跟前，也会降低谈话的深度和亲密度。[6]
- **注意从职场文化到家庭文化的转变**。办公室通常是成人的世界，节奏快、重视产能胜于过程、重视竞争胜于合作、欣赏坚强胜于脆弱、欣赏思考胜于感情。试着利用上下班的时间整理下思绪，先想想工作，再想想家庭。想象一下，打开家门会看到什么。还可以打个电话回家问问有什么能帮忙的，或是看看能否有点自己的时间。回家后，有条件的话，可以通过冥想、沐浴或者换上"居家服"，进一步提醒自己你在哪儿，眼下最重要的是什么。

如果是你的伴侣有工作压力

- **称赞伴侣在工作与家庭之间的转换**。在此过程中，你要向伴侣指出两种场合的差异，别将职场说得太不堪，只是有所不同而已。
- **给伴侣一段确切的时间转换**，别强求对方立马变过来。设定明确的时限，便于你们双方共同恪守。
- **欣赏伴侣工作状态中好的一面**。也许正是他的那种坚韧与高效，给你们带来了稳定的收入，满足了高度敏感的你的所需。不过，始终保持坚韧与高效是很累人的。不妨为对方提供一些不同的东西，比如他打拼得来的家庭生活的乐趣，而不是再向他索求。

亲密的另一种形式是性。有了孩子之后，夫妻间的性生活明显发生了很大变化。生过孩子后，哪怕是剖宫产，母亲的生殖器都会有一定程度的改变。她现在的激素不会激起性欲，可能是因为从进化的角度来看，与其另怀一个孩子，不若调养一段时间，哺乳新生儿，更有利于她和孩子的生存。孩子出生的头一年，负责带孩子的一方往往身心俱疲，根本顾不上性生活。而另一方可能也很疲惫，一方面要帮忙照料母婴，尽量多分担些家务，另一方面可能还得顶着外界的压力，证明孩子不会影响他的工作效率。你有必要记住这些因素，因为认为是自己或这段关系失去了吸引力会徒增伤感。

第一年行将结束时，你们应将性生活恢复到生孩子之前的水平。这将全方位地促进家庭和睦。

虽然性生活的某些方面会随着生育而改变，但也有些方面始终如一。以前就有的问题，并不会自行消散，反而会因你们有了更多理由回避性事而被放大。在《亲密关系：敏感的心灵该如何安放？》一书中，我报告了一项调查，研究的是高度敏感者与不具备这种特质的人的性生活。在此就不通篇赘述了，我只是想说，性格无疑会影响一个人对性事的享受和体验。高度敏感者明显有着不同的偏好，我们很容易因一些小事而败兴。无论是怎样的刺激，对我们来说都是少即是多，朦胧委婉好过直截了当，而过度刺激则会让我们难以忍受，失去兴致。

伴侣应该很乐意知道你的喜好与禁忌，所以不妨说出来。别因性生活不如意而心怀失望与怨恨。

你们的性生活中还有一个方面可能也没有改变：一方总比另一方更热衷于此。刚开始交往时，双方由于年龄和对对方的兴趣，可能都有很强的性欲。之后，其中一方可能便没那么渴望性事了。在异性恋中，出现这种情况的多半是女方，所以在此我会着重关注女性。我认为我们有必要了解，这种情况很典型。尤其是高敏感女性，她可能认为如果不次次都配合对方，便是辜负了伴侣，不算"真正的女人"。还有大量的媒体报道也让女性觉得自己不想天天做爱有些不对劲。然而，研究表明，总体而言，每周一次的频率与良好的亲密关系存在相关性。[7]男性可能希望更频繁一点，但一周一次也能满足他。女性可能希望间隔更久一点，但只要敞开心扉诚实面对自己的感受，身体通常一周后就会有反应。

建立幸福性关系的第一步，是如常地接受你们在欲望和性格类型上的差异，进而创造性地去解决这些问题。《妈妈的教养观》中提出了一些适用于夫妻双方的好建议。但请别忘了，热衷性事的一方还可以"自娱自乐"，不一定非要另一方参与。

至于不那么热衷的一方，也应该确保自己的激素水平和身体状况健康无恙。锻炼和休息不可或缺。你或许在服用一些影响性欲的药物。抗抑郁药自然是其中之一，但得了抑郁症却不治疗也同样会造成影响。有的抗抑郁药不仅不会妨碍性生活，甚至还能增强兴致，尽管向懂行的精神科医生咨询吧。

想想怎样才能勾起你的兴致。女性比男性更容易受到各种影像的刺激。高品质电影作品中的性爱场面无疑会有所帮助，或是其他你发觉能让你提起兴致的东西。

不过，毫无疑问，你必须首先承认自己有了性欲，然后才能付诸行动。如果你从小接受的教育告诉你性是不好的，你可能不会遵从你的性欲，甚至感觉不到这种欲望。这点必须克服，有时甚至需要反复克服。一般来说，只需暴露于一些愉快的性内容中就能让你脱敏，但首先你要自己选择这么做。

如果你童年遭受过性虐待，那么这可能使得性成为你一生的难题。尽你所能地去解开这个结，并确保伴侣能理解你的这一面。有了伴侣的理解，你会倍感治愈。你最需要知道的是，尽管你有这些问题，伴侣仍爱你如故，而这一切并不是你的错。如果你不确定，可以向对方要颗定心丸。

关系破裂的夫妻——分居或离异

我知道我的读者大致可分为两类。一些人婚姻基本稳定、彼此相爱，只是因为生养小孩而出现了一些问题，但双方都愿意面对，但愿这类读者占大多数。而另一些高敏感父母的另一半则无法面对他们婚姻中的问题。或许这些问题在有孩子之前并不显著。但育儿的压力使得这些问题愈发严峻，再也不能置若罔闻，特别是因为这些问题会影响到孩子。

这种情况，你该怎么办？大多数时候，你能做的唯有改变自己。你可以以身作则鼓励伴侣也做出改变，鼓励他与你一起接受婚姻治疗，但他必须自己有意改变才行。

亲密关系中的任何问题都是两个人共同造成的，因此你们都要尽自己的一份力去化解。哪怕是对方在虐待你、支配你，你可能也以某种微妙的方式助纣为虐，放任这种情况延续至今，譬如选择维系这段受虐关系。最初你们相知相爱时，可能并非如此，抑或当时就有些苗头，你却接受了，依然爱着对方。认真审视自己，看看你在你们的问题中扮演了什么角色。即便你不能解决对方身上的问题，甚至也不能完全解决自己的问题，但只要你意识到问题所在，就有益于你进入下一段关系。你的改变也会影响到孩子，哪怕他已经独立。这一点凡是治疗师都有目共睹。

如果伴侣不愿改变，你仍可以试着打从心底里爱护对方，不是作为伴侣，也不是出于爱情，而是将对方视作一个有很多瑕疵的人来爱，无论他是否意识到了自己的问题。这些问题可能源于他的过去，虽然还可能有些遗传因素。尽管困难重重，但归根结底我们都是为爱而生。或许没有人比你更了解伴侣心中的障碍。如果你像这样去爱他，这甚至可能改变对方。

人们通常抗拒改变，因为改变首先需要正视自己的创伤，令人觉得非常羞耻。伴侣不愿让你看透他，但在意识深处他知道你了解他的一切，所以你是最清楚他弱点的人。相信你也一定觉得伴侣有办法羞辱你。那么你们二人如何才能充分相爱，避免彼此羞辱，全然接受那些创伤，以至于有可能正视并着手治疗它们？这并非易事，但或许不妨时而憧憬一下。

与此同时，如果伴侣坚决表示永不改变，某种意义上，你不得不放弃希望。分居或离异的幽灵已不请自来。身为高敏感父母，你非常清楚这意味着什么，尤其是对一个家庭来说。

我只想提两点大多数人没意识到的地方。

首先，你们之间除了爱，还有依恋。只要一起生活，就会产生依恋。你们的生活以一种非常实际、看得见摸得着的方式相互交融。再者，你们共度的时光有苦有乐，一旦分开，这些过去会攻击你的心。依恋不同于爱情，但当一段关系真正结束时，它会比爱情更痛苦，也绝对来得更真切。走到最后也许已经没有爱情可言，但依恋还在，让你觉得分开似乎是个错误。

其次，对于一个家庭来说，离婚或永久分居可能好过夫妻"为了孩子"勉强一起生活。每个家庭的情况都不一样，尽管我们普遍认为离婚会对孩子造成负面影响。你们是独一无二的一家子，不是普遍。还有一点可能也会有所帮助：不要一时冲动，要对你的选择有所感觉——另一种人生，甚至另一位伴侣会在未来等你。贸然迈入未知的世界，你和孩子都会不安。

近一百年来，我们逐渐期望把生活几乎完全建立在与同居伴侣的关系之上。而过去，一个人生活中还有很多其他关系，大部分会持续一生，而且其中不少关系都能带给我们潜在的满足感和安全感——邻里关系、同僚关系，以及礼拜场所或社交俱乐部里的关系。时至今日，我们的流动性更强，因此，对于许多人来说，核心家庭是唯一安全且持续一生的关系。诚然，我们可以借助科技建立起远距离的关系，但空间接近是依恋和爱的重要组成部分。

如果你身边仅有伴侣一人，而你俩的关系又令人不满，你当然会觉得痛苦，想要离婚，这样你才能另找一个人来填补这一空缺。但只要不存在虐待，你们或许可以多建立些家庭以外的关系，让周围人来充实自己的生活，然后继续相伴相守，只要你们双方都觉得这样更方便、更舒服。

无论你决定怎么做，心里有精神支柱显然有助于你熬过这段无望的时期，换言之，就是有一条灵性之路，助你进行精神修行。我相信高度敏感者天生就很有灵性。灵修除了能在离异期间给予你慰藉外，还可以让你结识些志同道合之人。就算你非常内向，这也能拓宽你的视野，让你的心中充满爱，或许还能帮你接纳自己的现状。人生没有什么是不可改变的。变化无处不在。

> 我的婚姻是两个性情迥异的人的结合。通常，两个人彼此互补，很能成事。我们的确取得了了不起的外在成就，这也是我们的婚姻持续了十五年的原因之一。但若看看家庭内部，我们都觉得有很多固有的瑕疵、误解和挫败。
>
> 自从我们开始办理离婚手续后，家里的争吵少了，反而多了些倾听。我很想说孩子们也不再闹口角，我们生活得幸福宁静，但那是撒谎。不过，我可以诚实地说，我终于觉醒了，成了家中的一员。我不再想要逃避。孩子们待在他们爸爸那边时，我有了自己的时间。我很想念他们，但我知道有了这段休息时间，我才能保持最佳状态。

我绝不是说只有离婚，两个人才能心平气和地养育孩子。我只是说，要找到压力的根源所在。要知道，你完全有能力协调好自我意识、休息时间、减少冲突和对孩子的爱，以最佳状态教养子女。

结语

这一章内容很密。你可能需要多读几遍，必要时再重温一下。

但仅此一章不可能解决伴侣之间的所有问题，因为它们多得数不胜数，任何一个问题都需要乘以二。许多书中都有很多很好的建议。我最喜欢的是约翰·戈特曼的《幸福的婚姻》、哈维尔·亨德里克斯（Harville Hendrix）的《得到你想要的爱》（*Getting the Love You Want*），以及《妈妈的教养观》中讲述"亲密关系培养"的那三章。

现在我们已经相伴走到了此行的终点。我见过一些读者，但大多数人我只能想象。不过，我的想象力很是丰富。在我的头脑和心里，我已经"认识"你们许多人了。我仍记得养育孩子的辛苦。我记得我在火车站读过一本女性杂志，里面有篇文章是我见过的唯一一篇诚实谈论育儿问题的文章。标题大概是"为什么没人告诉我这是件这么可怕的事？"。我如饥似渴地读着，脑子里也满是同样的念头。

我爱我儿子，坚持将他养大成人，也很享受其中大部分时光。但那篇文章的真诚始终叫我难以忘怀，不知有多少人看见这样的标题也会燃起熊熊的阅读欲。就我收到的来函来看，我知道很多人都会如此。而对剩余那部分人来说，生儿育女就是他们的人生使命。无论你属于哪一种，你都正在从事世上最艰难而又最有价值的工作，祝福你。

注 释

序言

1. Aron, Elaine N., Arthur Aron, Natalie Nardone, and Shelly Zhou. "Sensory processing sensitivity and the subjective experience of parenting: An exploratory study." *Family Relations* 68, no. 4 (2019): 420–435.

2. Ainsworth, Mary S. "Infant–mother attachment." *American Psychologist* 34, no.10 (1979): 932–937.

3. Voort, Anja van der. "The importance of sensitive parenting: A longitudinal adoption study on maternal sensitivity, problem behavior, and cortisol secretion." PhD diss., Child and Family Studies, Institute of Education and Child Studies, Faculty of Social and Behavioural Sciences, Leiden University, 2014.

4. Ainsworth, 1979.

第一章

1. Wolf, Max, G. Sander Van Doorn, and Franz J. Weissing. "Evolutionary emergence of responsive and unresponsive personalities." *Proceedings of the National Academy of Sciences* 105, no. 41 (2008): 15825–15830.

2. Aron, Elaine N., Arthur Aron, and Jadzia Jagiellowicz. "Sensory processing sensitivity: A review in the light of the evolution of biological responsivity." *Personality and Social*

Psychology Review 16, no. 3 (2012): 262–282.

3. Aron et al., 2019.

4. Branjerdporn, Grace, Pamela Meredith, Jenny Strong, and Mandy Green. "Sensory sensitivity and its relationship with adult attachment and parenting styles." *PloS One* 14, no.1 (2019): e0209555.

5. Aron, Arthur, Sarah Ketay, Trey Hedden, Elaine N. Aron, Hazel Rose Markus, and John DE Gabrieli. "Temperament trait of sensory processing sensitivity moderates cultural differences in neural response." *Social Cognitive and Affective Neuroscience* 5, no. 2–3 (2010): 219–226.

6. Jagiellowicz, Jadzia, Xiaomeng Xu, Arthur Aron, Elaine Aron, Guikang Cao, Tingyong Feng, and Xuchu Weng. "The trait of sensory processing sensitivity and neural responses to changes in visual scenes." *Social Cognitive and Affective Neuroscience* 6, no.1 (2010): 38–47. 这项任务需要留意风景照中的细微差别。在差别很小的任务中，高度敏感者会比没有这种特质的人更深入地处理信息。

7. Hedden, Trey, Sarah Ketay, Arthur Aron, Hazel Rose Markus, and John D. E. Gabrieli. "Cultural influences on neural substrates of attentional control." *Psychological Science* 19, no.1 (2008): 12–17. 知觉任务的难易程度取决于被试的文化背景。借由磁共振成像（MRI）观察被试大脑各个区域的激活或活跃程度，可以测量出任务的难度。受集体主义文化熏陶的中国人更容易看清相对的环境，即前后两个背景框中的竖线与背景框之间的**比例**是否一致。（文化能影响我们对细节的知觉能力，很令人惊讶，对吧？）不过，这些被试并不怎么关注竖线的长短，所以他们更难判断线条的长度是否一致。

受个人主义文化熏陶的美国人更容易看清个体的特征，即前后两个背景框中的竖线长度是否一致。而比较背景框的大小时，他们则要多费些脑力。所以，哪怕是在知觉任务中，如果你受集体主义熏陶，注重社会环境，第一个任务就比较容易；而受个人主义熏陶的被试，能更轻松地完成第二个任务。

8. Acevedo, Bianca P., Elaine N. Aron, Arthur Aron, Matthew Donald Sangster, Nancy Collins, and Lucy L. Brown. "The highly sensitive brain: an fMRI study of sensory processing sensitivity and response to others' emotions." *Brain and Behavior* 4, no. 4 (2014): 580–594.

9. Acevedo et al., 2014.

10. Aron, Elaine N., and Arthur Aron. "Sensory-processing sensitivity and its relation to introversion and emotionality." *Journal of Personality and Social Psychology* 73, no. 2 (1997): 345–368.

11. Aron, Elaine N., Arthur Aron, and Kristin M. Davies. "Adult shyness: The interaction of temperamental sensitivity and an adverse childhood environment." *Personality and Social Psychology Bulletin* 31, no. 2 (2005): 181–197. 之后受试学生立刻得知，其实有些人拿到的题目根本解不开，另一些人的题目则简单得不可思议。不过在他们刚做完测试，尚未得知这些信息之前，要先填一份情绪自检表，这样我们就能知道测试结果对高度敏感者与非高度敏感者分别产生了怎样的影响。

12. Jagiellowicz, Jadzia, Arthur Aron, and Elaine N.Aron. "Relationship between the temperament trait of sensory processing sensitivity and emotional reactivity." *Social Behavior and Personality* 44, no. 2 (2016): 185–199.

13. Acevedo et al., 2014.

14. Acevedo, Bianca P., Jadzia Jagiellowicz, Elaine Aron, Robert Marhenke, and Arthur Aron. "Sensory processing sensitivity and childhood quality's effects on neural responses to emotional stimuli." *Clinical Neuropsychiatry* 14, no. 6 (2017): 359–373.

15. 大脑镜像神经元的发现不过是近二十年的事。这一发现最早始于意大利帕尔玛的一间实验室。那里的科学家在恒河猴的大脑里植入电极，研究哪些神经元控制着特定的手部动作。他们发现了控制猴子伸手抓握东西的脑区。但有好几次，猴子坐着不动，观看科学家抓握东西时，它们的大脑里出现了一些奇怪的放电。研究人员花了一番功夫才弄清是怎么回事，一种最终被称为"镜像神经元"的物质，使得猴子模仿人类的行为。而要理解这种神经元的全部功能尚待时日。但现在我们知道人类也具有这种神经元，当我们观察别人的行为或感受时，多个大脑区域中的数种神经元会和我们观察对象的某些神经元一样出现放电活动。关于这一有趣的发现的更多内容，参见Rizzolatti, Giacomo, and Corrado Sinigaglia. *Mirrors in the brain: How our minds share actions and emotions.* Oxford University Press, 2008。

16. Baumeister, Roy F., Kathleen D. Vohs, C. Nathan DeWall, and Liqing Zhang. "How emotion shapes behavior: Feedback, anticipation, and reflection, rather than direct causation." *Personality and Social Psychology Review* 11, no. 2 (2007): 167–203. 鲍迈斯特以研究视角新颖而闻名。就这个问题而言，他认为情绪并不会在我们做出决定或采取行动时干扰我们的理性思维。相反，我们**大多**在事件发生后才感受到情绪，其作用旨在加深我们的记忆，让我们从中吸取教训，最终变得更为理性。

17. Baumeister et al., 2007.

18. Jagiellowicz et al., 2010.

19. Gerstenberg, Friederike X. R. "Sensory-processing sensitivity predicts performance on a visual search task followed by an increase in perceived stress." *Personality and Individual Differences* 53, no. 4 (2012): 496–500.

20. Wolf et al., 2008.

21. Leake, Rosemary D., Richard E. Weitzman, Theodore H. Glatz, and Delbert A. Fisher. "Plasma oxytocin concentrations in men, nonpregnant women, and pregnant women before and during spontaneous labor." *Journal of Clinical Endocrinology and Metabolism* 53, no. 4 (1981): 730–733.

第二章

1. Wachs, Theodore D. "Relation of maternal personality to perceptions of environmental chaos in the home." *Journal of Environmental Psychology* 34 (2013): 1–9.

2. Hanson, B. Rick, Jan Hanson, and Ricki Pollycove. *Mother nurture: A mother's guide to health in body, mind, and intimate relationships*. Penguin Books, 2002.

3. Hansen et al., 2002.

4. Cohen, Sheldon, Denise Janicki-Deverts, Ronald B. Turner, and William J. Doyle. "Does hugging provide stress-buffering social support? A study of susceptibility to upper respiratory infection and illness." *Psychological Science* 26, no. 2 (2015): 135–147.

第三章

1. Bass, Brenda L., Adam B. Butler, Joseph G. Grzywacz, and Kirsten D. Linney. "Do job demands undermine parenting? A daily analysis of spillover and crossover effects." *Family Relations* 58, no. 2 (2009): 201–215.

2. Carter, Bernie. "Parenting: A glut of information." *Journal of Child Health Care* 11, no. 2 (2007): 82–84.

3. Kurcinka, Mary Sheedy. *Raising your spirited child*. HarperCollins, 1999.

4. Pluess, Michael, and Jay Belsky. "Differential susceptibility to rearing experience: The case of childcare." *Journal of Child Psychology and Psychiatry* 50, no. 4 (2009): 396–404.

第四章

1. Patterson, C. Mark, and Joseph P. Newman. "Reflectivity and learning from aversive events: Toward a psychological mechanism for the syndromes of disinhibition." *Psychological Review* 100, no. 4 (1993): 716–736.

2. Vohs, Kathleen D., Roy F. Baumeister, Brandon J. Schmeichel, Jean M. Twenge, Noelle M. Nelson, and Dianne M. Tice. "Making choices impairs subsequent self-control: A limited-resource account of decision making, self-regulation, and active initiative." In *Self-regulation and self-control*, pp. 45–77. Routledge, 2018.

3. Baumeister et al., 2007.

4. Borysenko, Joan Z., and Gordon Dveirin. *Your soul's compass*. Hay House, Inc., 2008.

5. Jaeger, Barrie. *Making work work for the highly sensitive person*. McGraw-Hill, 2004.

第五章

1. Levinson, Harry. "A second career: The possible dream." *Harvard Business Review* 61, no. 3 (1983): 122–129.

2. Brindle, Kimberley, Richard Moulding, Kaitlyn Bakker, and Maja Nedeljkovic. "Is the relationship between sensory processing sensitivity and negative affect mediated by emotional regulation?" *Australian Journal of Psychology* 67, no. 4 (2015): 214–221.

3. Rilke, R. M., "Go to the limits of your longing," line 10. In *Rilke's book of hours: Love poems to God*. Riverhead Books, 1996.

4. Taylor, Steven. "Anxiety sensitivity and its implications for understanding and treating PTSD." *Journal of Cognitive Psychotherapy* 17, no. 2 (2003): 179–186.

5. Fairbrother, Nichole, and Sheila R. Woody. "New mothers' thoughts of harm related to the newborn." *Archives of Women's Mental Health* 11, no. 3 (2008): 221–229.

6. Wolak, Janis, David Finkelhor, and Andrea J. Sedlak. "Child victims of stereotypical kidnappings known to law enforcement in 2011." *Juvenile Justice Bulletin* (2016): 1–20.

7. Foxman, Paul. *Dancing with fear: Overcoming anxiety in a world of stress and uncertainty*. Jason Aronson, Inc., 1999.

8. Pearlstein, Teri, Margaret Howard, Amy Salisbury, and Caron Zlotnick. "Postpartum depression." *American Journal of Obstetrics and Gynecology* 200, no. 4 (2009): 357–364.

9. Paulson, James F., and Sharnail D. Bazemore. "Prenatal and postpartum depression in fathers and its association with maternal depression: A meta-analysis." *JAMA* 303, no. 19 (2010): 1961–1969.

10. Swain, James E., P. Kim, J. Spicer, S. S. Ho, Carolyn J. Dayton, A. Elmadih, and K. M. Abel. "Approaching the biology of human parental attachment: Brain imaging, oxytocin and coordinated assessments of mothers and fathers." *Brain Research* 1580 (2014): 78–101.

11. Swain et al., 2014.

12. Figueiredo, Bárbara, and Ana Conde. "Anxiety and depression symptoms in women and men from early pregnancy to 3-months postpartum: parity differences and effects." *Journal of Affective Disorders* 132, no. 1–2 (2011): 146–157.

13. Rosenberg, Marshall. *Nonviolent communication: A language of life: Life-changing tools for healthy relationships*. PuddleDancer Press, 2015.

14. Potegal, Michael, Michael R. Kosorok, and Richard J. Davidson. "Temper tantrums in young children: 2.Tantrum duration and temporal organization." *Journal of Developmental and Behavioral Pediatrics* 24, no. 3 (2003): 148–154.

15. Solter, Aletha Jauch. *Tears and tantrums: What to do when babies and children cry*. Shining Star Press, 1998.

第七章

1. Luhmann, Maike, Wilhelm Hofmann, Michael Eid, and Richard E. Lucas. "Subjective well-being and adaptation to life events: A meta-analysis." *Journal of Personality and Social Psychology* 102, no. 3 (2012): 592–615. 这篇详细的研究综述发现，第一个孩子出生后，夫妻间的婚姻质量平均有所下降，不过总体的生活满意度并未下滑。

另一项研究发现 [Tucker, Paula, and Arthur Aron. "Passionate love and marital satisfaction at key transition points in the family life cycle." *Journal of Social and*

Clinical Psychology 12, no. 2 (1993): 135–147]，虽然婚姻质量平均有所下降，但孩子出生后，不同的婚姻关系变数很大，有的呈上升趋势，但更多的会先降后升，致使平均水平下降。

2. Gottman, John Mordechai, and Nan Silver. *The seven principles for making marriage work: A practical guide from the country's foremost relationship expert.* Harmony, 2015.

3. Rosenburg, 2015.

4. Johnson, Sue. *Hold me tight: Seven conversations for a lifetime of love.* Hachette UK, 2008.

第八章

1. Reissman, Charlotte, Arthur Aron, and Merlynn R. Bergen. "Shared activities and marital satisfaction: Causal direction and self-expansion versus boredom." *Journal of Social and Personal Relationships* 10, no. 2 (1993): 243–254.

2. Xu, Xiaomeng, Gary W. Lewandowski, and Arthur Aron. "The self-expansion model and optimal relationship development." In *Positive approaches to optimal relationship development,* pp. 79–100. Cambridge University Press, 2016.

3. Gable, Shelly L., Courtney L. Gosnell, Natalya C. Maisel, and Amy Strachman. "Safely testing the alarm: Close others' responses to personal positive events." *Journal of Personality and Social Psychology* 103, no. 6 (2012): 963–981.

4. Rogge, Ronald D., Rebecca J. Cobb, Erika Lawrence, Matthew D. Johnson, and Thomas N. Bradbury. "Is skills training necessary for the primary prevention of marital distress and dissolution? A 3-year experimental study of three interventions." *Journal of Consulting and Clinical Psychology* 81, no. 6 (2013): 949–961.

5. Becker, William J., Liuba Belkin, and Sarah Tuskey. "Killing me softly: Electronic communications monitoring and employee and spouse well-being." In *Academy of*

management proceedings, vol. 2018, no.1, p.12574. Academy of Management, 2018.

6. Misra, Shalini, Lulu Cheng, Jamie Genevie, and Miao Yuan. "The iPhone effect: The quality of in-person social interactions in the presence of mobile devices." *Environment and Behavior* 48, no. 2 (2016): 275–298.

7. Muise, Amy, Ulrich Schimmack, and Emily A. Impett. "Sexual frequency predicts greater well-being, but more is not always better." *Social Psychological and Personality Science* 7, no. 4 (2016): 295–302.

致 谢

我能写完这本书都得归功于马尔基·塔利（Marki Talley）——本书2012年就开始动笔了！一如我所希望的那样，她督促我坚持下去，缓慢耐心，却持之以恒。她还承担了大量编辑与排版工作，并解决了各种需要注意的问题。

还有那些通过邮件往来向我提供资料的人，他们不惜笔墨地讲述身为高敏感父母究竟意味着什么，没有他们，就没有这本书。同时还要感谢参与在线调查的各位父母（他们或敏感或不敏感，以便我们进行比较研究）。

非常感谢我丈夫在这趟"高敏感"旅程中始终给予我爱的支持，这趟旅程早在1990年就开始了。在育儿研究方面，我们都应该感谢他一如既往地对数据进行出色的分析，并坚持不懈地将我们的研究发表在经同行评议的期刊上。由此进一步证明了感官处理敏感性（科学术语是高环境敏感性）的合理性，在育儿方面，它似是会影响父母对子女的教养。

我的代理人贝齐·阿姆斯特（Betsy Amster）始终是我的左右手，负责出版事宜，处理所有我搞不定的细节。而我自己的左右手只需在虚线上签字即可。

谨向肯辛顿出版公司（Kensington Publishing）致敬。与肯辛顿合作犹如回家，我的第一本书《天生敏感》就是在这里出版的。这次，我对我的出版方有了更深的了解，它是北美仅存的家族出版社，规模位居第六，仅次于五大出版集团。肯辛顿的出版团队无论是否真的血脉相系，都亲如家人。大多数成员均在职多年，这在出版界和众多大型企业中都很罕见。他们留在那儿是因为彼此欣赏，而且还向我伸出手来，将我纳入他们的家庭，完全不同于我其他的出版经历。（肯辛顿的电话都是人工接线！）

谢谢你，肯辛顿，尤其要感谢我的编辑米夏埃拉·汉密尔顿（Michaela Hamilton），还有杰基·迪纳斯（Jackie Dinas），我深深地折服于她海外销售的本领，她让我的第一本书被译成了三十种语言（可能还不止——我已经数不清了）。

最后，我要感谢所有高度敏感者，虽然其中有些人并未为人父母，可能不会看这本书。和你们相伴走过的这段旅程，悠长而又非比寻常。我常说我本是一个人走在路上，自说自话地嘀咕着高敏感性，孰料身后竟逐渐形成了一支队伍。诚如我们共同发现的那样，我们确实有一定的数量优势——约占总人口的20%，而且在其他百余个物种中都发现了类似特质。就让我们在各自的道路上，继续改善这个世界，而养育下一代是见证这种改善的最佳方式。

图书在版编目（CIP）数据

高敏感父母：让育儿焦虑成为育儿优势/（美）伊莱恩·阿伦（Elain N. Aron）著；李倩译. -- 北京：中国人民大学出版社，2022.1

书名原文：The Highly Sensitive Parent: Be Brilliant in Your Role, Even When the World Overwhelms You

ISBN 978-7-300-30023-8

Ⅰ.①高… Ⅱ.①伊… ②李… Ⅲ.①家庭教育 – 教育心理学 Ⅳ.①G780

中国版本图书馆CIP数据核字（2021）第229818号

高敏感父母

让育儿焦虑成为育儿优势

［美］伊莱恩·阿伦　著

李倩　译

Gao Mingan Fumu

出版发行	中国人民大学出版社			
社　　址	北京中关村大街31号		**邮政编码**	100080
电　　话	010-62511242（总编室）		010-62511770（质管部）	
	010-82501766（邮购部）		010-62514148（门市部）	
	010-62515195（发行公司）		010-62515275（盗版举报）	
网　　址	http://www.crup.com.cn			
经　　销	新华书店			
印　　刷	天津中印联印务有限公司			
规　　格	170mm×230mm　16 开本		**版　　次**	2022 年 1 月第 1 版
印　　张	11.75 插页 3		**印　　次**	2022 年 1 月第 1 次印刷
字　　数	155 000		**定　　价**	48.00 元